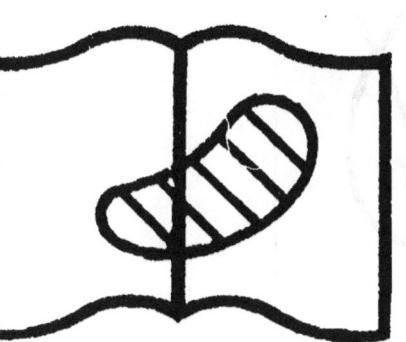

Illisibilité partielle

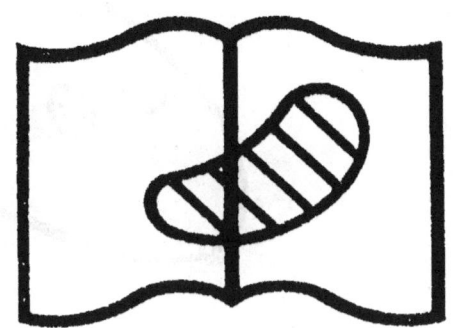

Pagination partiellement illisible

VALABLE POUR TOUT OU PARTIE
DU DOCUMENT REPRODUIT

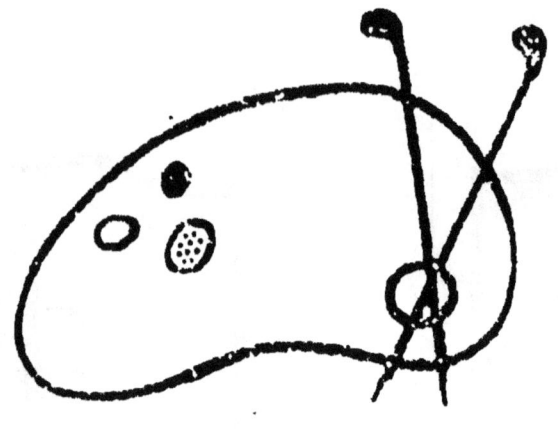

Couvertures supérieure et inférieure
en couleur

COUVERTURES SUPERIEURE ET INFERIEURE D'IMPRIMEUR

UN CORSAIRE

SOUS LA TERREUR

LIBRAIRIE DE E. DENTU, ÉDITEUR

Du même Auteur :

Deux croisières. Histoire d'une légende navale.
1 vol.. 3 »
Jean-Bart et son fils. 1 vol.................... 3 50

Imprimerie D. Bardin, à Saint-Germain.

UN CORSAIRE

SOUS LA TERREUR

PAR

G. DE LA LANDELLE

DEUXIÈME ÉDITION

E. DENTU, ÉDITEUR

LIBRAIRE DE LA SOCIÉTÉ DES GENS DE LETTRES

PALAIS-ROYAL, 15, 17, 19, GALERIE D'ORLÉANS

1878

Tous droits réservés.

UN
CORSAIRE SOUS LA TERREUR

I

LA BASTIDE DU CAPITAINE

Au sortir d'une ville de Provence, lorsqu'on a franchi les faubourgs, la ligne d'octroi et les limites communales, on est fort loin de se trouver en rase campagne. L'horizon reste borné dans toutes les directions par un réseau de murs couverts de poussière qui divisent le pays en une multitude de petits trapèzes, et lui donnent la physionomie d'un échiquier mal tracé.

Tout citadin un peu aisé tient à être seigneur suzerain d'une de ces cases, qu'il appelle sa campagne, mais que l'idiome local désigne sous le nom moins pompeux de *bastide*, ou littéralement de bâtisse, nom assez exact, car un pareil domaine est plutôt l'ouvrage du maçon que celui de l'agriculteur.

Qu'on se représente un ou deux arpents de terre scrupuleusement clôturés, et au centre une maisonnette blanche, tapissée de vignes, à toits rouges et à volets verts ; qu'on ajoute à cela une inévitable tonnelle brûlée par le soleil, quelques oliviers rabougris, disséminés dans un jardin potager, des arbres fruitiers en espalier, un parterre exigu et le ciel au zénith, on reconnaîtra le modeste *tibur* du bourgeois provençal.

Le 20 décembre 1793, vers cinq heures du matin, la bastide la plus rapprochée de Marseille, à droite, sur la route d'Italie, était seule éclairée et le vent qui s'engouffrait dans une fenêtre laissée ouverte, aurait permis d'entrevoir une jeune fille, inquiète sans doute, car elle prêtait l'oreille aux moindres bruits extérieurs. De temps en temps, elle écartait les plis des rideaux tricolores, se penchait au dehors et semblait essayer de percer du regard l'épaisseur des ténèbres ; puis elle rentrait en soupirant.

— Mon Dieu ! que lui est-il donc arrivé ! disait-elle ; il ne revient pas ; le jour va paraître ! J'ai moins peur quand il est au large.

Marie Charabot venait de se rasseoir près d'une table chargée d'armes et de papiers ; lorsque deux hommes haletants arrivèrent à cinquante pas de la maison, franchirent avec précaution un mur de clôture et s'arrêtèrent sur le grand chemin.

— Mon vieux camarade, disait le plus jeune à voix basse, cette existence n'est plus tenable. Va à Marseille, je me risque à demander l'hospitalité ici, je suis trop faible pour te suivre, adieu!

— Je vous porterai, mon capitaine, répondit l'autre; dans une demi-heure nous serons au mouillage, chez mon hôtesse; la tenue est bonne, le fond sûr; soyez tranquille, pour l'amour de Dieu, prenez courage.

— Du courage, j'en ai; mais les forces manquent! Tout ce que je puis faire, c'est de me traîner jusque-là, dit l'officier en montrant la bastide.

— On vous dénoncera, capitaine.

— Qu'importe? je n'irai pas plus loin, sauve-toi.

— Vous laisser! Me sauver sans vous! j'aimerais mieux être mis en étoupe!

Le matelot, éleva un peu trop la voix, car il attira l'attention de la jeune fille; elle accourut à la fenêtre.

— Une femme! dit l'officier, jeune, jolie, bonne, sans doute. J'ai confiance. Allons!

— Rideau tricolore, capitaine, déliez-vous!

— Silence! Sauve toi, je le veux, je te l'ordonne, s'il le faut.

— Pardon, capitaine, je vous désobéirai pour la première fois de ma vie ; mais quand M. Louis de Touranges joue sa peau, Chrétien dit Négro peut bien risquer la sienne. Suffit.

L'officier se contenta de lui serrer la main. Tous deux ensuite s'avancèrent lentement, les yeux fixés sur la croisée.

Louis de Touranges, épuisé de lassitude, tomba sans force avant d'être arrivé à la grille.

— Citoyenne ! s'écria aussitôt Chrétien, par pitié, viens ouvrir à deux pauvres marins qui se meurent de faim et de misère devant ta porte.

En entendant cette voix inconnue qui s'élevait du milieu de l'obscurité ; la jeune fille eut peur et ne répondit rien. Le matelot répéta sa prière en se plaçant de manière à être aperçu.

— Vous n'êtes que deux ?

— Oui, citoyenne ; encore celui qui est avec moi est-il aux trois quarts fini. Ouvre-nous, au nom de ta mère !

— Mais je suis seule.

— Si tu tardes, il sera mort.

Surprise par la rude supplication de Chrétien, Marie Charabot avait tout d'abord payé tribut à la faiblesse de son sexe ; mais fille d'un intrépide corsaire, douée d'une énergie méridionale et naturellement compatissante, elle était pleine de confiance dans le caractère des gens de mer. Quelques secondes suffirent pour raffermir son courage. Selon l'usage de ces temps difficiles, elle s'arma et descendit résolûment jusqu'à la grille du jardin.

Après une courte conférence avec Chrétien, elle introduisit les voyageurs.

Des objets de toute espèce, confusément entassés, plusieurs malles fermées, l'absence des meubles les plus indispensables, attestaient le prochain abandon de la bastide. On avait réuni dans la seule pièce encore habitée les derniers effets de déménagement.

Marie rassembla quelques provisions, du pain, du vin et une corbeille de fruits, qu'elle plaça devant ses hôtes.

Louis de Touranges, ranimé par les soins de Chrétien, contemplait avec admiration l'hospitalière jeune fille, quoique le bonnet rouge ombrageât sa tête gracieuse, et que sa taille fut emprisonnée dans une tunique grecque, selon la mode du temps.

Marie, de son côté, examinait enfin les hôtes qu'elle venait d'accueillir, et ne remarquait pas sans une secrète appréhension le sang et la poussière qui couvraient leurs vêtements. Tous deux avaient les mains déchirées. Si le costume du plus âgé était simplement celui d'un matelot, l'accoutrement bizarre de l'autre démentait les fables grossières improvisées par Chrétien.

Ces observations l'intimidèrent, elle se repentit d'avoir cédé aux instances de gens de mauvaise mine, et se tint à l'écart par un mouvement de défiance qui n'échappa point à Louis.

— Mademoiselle... dit-il en se levant.

— Dis donc, citoyenne ! s'écria brusquement le matelot. Vois-tu, citoyenne, continua-t-il, nous venons de faire côte avec notre brig. Voici deux ans passés que nous étions partis de France, et celui-ci n'a pas encore l'habitude de tutoyer le beau monde comme toi.

Chrétien débita cette excuse avec une telle volubilité, que l'officier n'eut pas le temps de l'interrompre ; mais sa loyauté repoussa toute sorte de subterfuge.

— Mademoiselle, dit-il d'un ton chaleureux, il serait indigne de reconnaître vos bienfaits par un mensonge. Nous sommes... c'est-à-dire je suis... aristocrate, officier de l'ancienne marine, échappé par miracle aux républicains qui ont pris Toulon avant-hier. Nous allions chercher asile à Marseille ; voici deux jours entiers que nous n'avons pris de nourriture, et les forces m'ont manqué. Nous avons passé la nuit à venir jusqu'ici par des chemins détournés, grimpant de rocher en rocher, évitant les routes, escaladant les murs garnis de verre, qui nous ont mis en sang. J'ai dit la vérité ; notre sort est entre vos mains. Quoi que vous fassiez, mademoiselle, vous n'avez rien à craindre de nous ; mais je vous en supplie, laissez fuir ce bon matelot, qui n'est coupable que d'un dévouement sans bornes pour moi.

Pendant ce récit, une vive émotion s'était peinte sur la physionomie de la jeune fille. Elle se préparait à répondre, et déjà Louis de Touranges s'applaudissait de sa franchise : il était sûr d'avoir inspiré un bienveillant intérêt, lorsque Marie pâlit tout à coup et s'écria :

— Mon Dieu! ils sont perdus! Sainte Vierge, prenez pitié de nous!

— Ils ne nous auront pas vivants, j'en réponds! dit en même temps Chrétien, qui sauta sur une paire de pistolets.

L'officier ne comprenait rien à cette exclamation suivie d'un profond silence, mais il entendit à son tour des voix tumultueuses qui hurlaient le terrible *Ça ira!* Il s'arma aussi; puis, se ravisant :

— Pourquoi viendraient-ils ici plutôt qu'ailleurs? dit-il.

— Reculez-vous, ajouta Marie; vos ombres paraissent sur les rideaux.

En ce moment, le groupe de chanteurs passait devant la porte; les clameurs s'éloignèrent peu à peu.

— Vous êtes notre ange tutélaire, mademoiselle, reprit alors l'officier, qui avait lu sur ses traits tout ce qu'elle avait éprouvé de terreurs. Mais, de grâce, chez qui sommes-nous?

— Je m'appelais Marie, répondit-elle en souriant tristement ; un beau nom celui de la sainte Vierge, ma patronne ; c'était ma pauvre mère qui l'avait choisi.

Après un court silence, elle ajouta en quelque sorte à regret :

— Maintenant ils me nomment Décia ; c'est la volonté de mon père.

Les marins surent bientôt qu'elle était fille du vaillant Décius Charabot, l'un des corsaires les plus estimés de Marseille, aussi généreux que brave, mais très-ardent révolutionnaire.

— Restez ici, monsieur de Touranges, continua-t-elle, attendez son retour, il ne me refuse rien : il vous sauvera.

Chrétien écoutait la jeune fille avec admiration, et des larmes de reconnaissance brillaient dans ses yeux, quand deux coups violemment frappés à la grille jetèrent de nouveau l'épouvante parmi les réfugiés.

— Est-ce toi, mon père? dit Marie.

— Ah! il n'y est pas!... On l'attend. Ouvre-nous, citoyenne, répondirent plusieurs voix ; nous te tiendrons compagnie jusqu'à son retour.

— Vous le trouveriez certainement à son bord.

— Ouvre-nous! te dis-je ; ne reconnais-tu pas le citoyen commissaire Scipion?

Décia, n'osant différer, de crainte de paraître suspecte, indiqua de la main à ses hôtes la porte d'un petit cabinet. Elle rentra suivie de trois hommes vêtus de carmagnoles et coiffés de bonnets rouges.

Le premier cependant était mis avec une certaine recherche ; il s'efforçait d'attirer sur lui l'attention de la jeune fille, paraissait heureux de la tutoyer sans gêne, et profitait de l'usage avec une affectation marquée.

— Je regrette vivement, disait-il, l'absence de ton père ; avec la protection de son ami Scipion, je viens tenter une dernière démarche auprès de lui. Mais pourquoi hocher la tête, Décia? il ne s'agit plus de mon amour, je ne m'exposerai pas de sitôt à de nouveaux refus. Je ne sollicite qu'une place de simple volontaire à bord de *la Mouraille*.

Marie étonnée le regarda en face.

— Ta mère était une aristocrate, continua-t-il ; elle avait une aveugle antipathie pour moi et les miens ; tu as hérité de ses préventions. Je veux en triompher, Décia. Il faut être marin, il faut être corsaire pour plaire au capitaine Décius : je l'ai compris, je me fais corsaire.

— Citoyen Agricola, je vois avec douleur que vous n'avez point renoncé à d'inutiles projets, mais vous avez eu tort de vous croire l'objet d'une aversion particulière. N'ai-je donc pas répondu assez clairement à vos propositions?

— Tu m'as fait dire que tu ne m'aimais pas.

— Eh bien?

— J'ai pu espérer que cet arrêt n'était pas irrévocable.

Cette conversation fut interrompue par le commissaire de section, qui jusque-là s'était entretenu de son côté avec le troisième personnage.

— Tu es levée de bien bonne heure, citoyenne? dit-il en s'adressant enfin à la jeune fille.

— J'attends mon père.

— N'a-t-il pas sa clef.

— Il l'avait oubliée hier matin.

— Ah! il n'a pas paru depuis hier matin?

— Non, citoyen.

— Pourquoi donc ces deux verres de vin sur la table?

— C'est... d'avant-hier soir.

— Cela pourrait bien être plus moderne, la petite, dit en prenant la lampe l'inquisiteur habitué aux visites domiciliaires. Il me semble que tu ne méprises pas le plaisir de trinquer en tête-à-tête.

— *Elle aime à rire, elle aime à boire !* fredonna d'un ton impudent celui qui n'avait pas encore pris la parole.

— Il n'y a pas une heure que ce vin est versé continua Scipion ; le bouchon de la bouteille est encore humide... et ces gouttes de vin fraîchement répandues !... En affaire politique ou criminelle, j'aurais assez de preuves, là, sur cette table, pour te faire tout avouer, la belle enfant ; mais les amourettes ne sont pas de mon ressort, poursuivit le commissaire en ricanant ; cela regarde plutôt le camarade Agricola. N'est-ce pas, citoyen?

— Oui, en effet, cela me regarde, dit ce dernier, qui pâlit de jalousie et ne maîtrisa pas sans efforts un premier mouvement de colère.

La présence de Scipion le contint sans doute, mais respectueux jusque là envers Marie, il dépouilla brusquement toute retenue, et passant d'un extrême à l'autre :

— C'est un heureux coquin que ton galant, citoyenne. Ah! ah! je ne suis plus étonné si un brave garçon qui ne te demandait qu'en mariage n'a pas été plus heureux. Après tout, puisqu'il en est ainsi, tu ne me refuseras pas un baiser par occasion... hein! mignonne?

— Je n'ai pas de galant, citoyen Agricola, et laissez-moi, ou je me plaindrai à mon père.

— Laissez-moi! elle a dit : laissez-moi! Serais-tu aristocrate? demanda sévèrement le commissaire.

Décia tremblait et rougissait.

Du fond du cabinet, les marins n'entendaient pas sans frémir les révoltantes plaisanteries des trois sans-culottes ; ils serraient convulsivement leurs crosses de pistolet, et sans la crainte de compromettre leur jeune protectrice, ils eussent certainement fait irruption dans la chambre. L'indignation allait triompher de leur prudence, quand la voix du capitaine Charabot se fit heureusement entendre au dehors.

— Hé! Décia, viens m'ouvrir, j'ai oublié ma clef.

— Vous voyez bien, citoyens! dit-elle en essuyant ses pleurs ; puis elle sortit en courant.

— Je l'en aurais crue incapable! murmura Scipion quand elle fut partie. Oh! les femmes! bonnes républicaines ou royalistes maudites, c'est toujours la même chose ; il ne faut pas se fier à la plus candide.

— Son amoureux est peut-être caché par ici, reprit Agricola en se levant.

— Impossible! elle attendait son père ; et Décius n'entend pas raillerie sur ce chapitre. Brisons là ; parlons de nos affaires.

Cette réponse retint Agricola qui allait ouvrir la porte du cabinet.

Visiblement préoccupé de ce qu'il croyait avoir appris, il se promenait à grands pas. Il avait pu au premier moment, chercher à se venger en affectant un ton de mépris ; mais il aimait Marie au point d'avoir voulu pour elle renoncer à toute ambition politique, et de s'être résigné à risquer sa vie comme simple volontaire à bord du corsaire de Charabot. Les refus réitérés de la jeune fille n'avaient pas lassé sa constance. Il n'avait point reculé devant le sacrifice de son avenir d'ardent patriote.

Aussi n'était-ce point quelques impertinences qui pouvaient satisfaire sa jalousie, maintenant qu'il croyait voir la preuve d'une intrigue dans ces verres encore humides posés sur la table. Il marchait en souriant avec rage et restait absolument étranger à ce qui se passait autour de lui.

Le chef de la bande en profita pour reprendre sa conversation avec le troisième sans-culotte.

— Ainsi, Vincent, résumons-nous, lui dit-il, tu te nommes Régulus, et pas un mot de ton passé.

— Sois tranquille ; la république elle-même me coffrerait ; j'y joue ma liberté, la tienne, et nos têtes par-dessus le marché.

— C'est entendu.

— Ce gaillard-là nous a bien gênés avec sa sotte passion, reprit Vincent. L'imbécile ! venir chez les gens à deux heures du matin, lorsqu'ils sont en affaires, et s'y planter jusqu'au jour ! J'ai vu le moment où il nous empêchait de convenir de nos faits.

— Il a bien fallu en passer par sa fantaisie, d'autant plus qu'il est fort important pour moi de me débarrasser de lui. Agricola exerce une influence du diable dans la section des Piques, où je crains toujours qu'il n'usurpe ma place.

— Qu'il embarque donc ! J'aurais mieux aimé pourtant n'avoir rien de commun avec lui. Je ne tiens pas à être connu, moi !

— Je le sais ; silence !

— Citoyen Scipion, s'écria tout à coup Agricola, je te remercie de tes bons offices. Adieu la course ! Inutile de faire la cour au père du moment que mes sentiments pour la fille ont émigré avec armes et bagages.

Le commissaire, haussant les épaules, allait répliquer, quand Décius Charabot poussa la porte avec violence et entra.

C'était un homme de haute stature, aux formes athlétiques, à la voix impérieuse ; il ne cherchait pas à dissimuler sa fureur, et faisait trembler la bastide par de formidables imprécations. Une hache, un sabre, deux pistolets garnissaient sa ceinture.

— N'est-ce pas assez, cria-t-il, d'avoir sur les bras les Espagnols, les Italiens, les Anglais, et de se battre tous les jours au large ! Faut-il qu'on massacre, jusque sur les quais de Marseille, les défenseurs et les pères nourriciers de la patrie ! De faux frères, citoyens, viennent de poignarder mon second ; on l'accusait de modérantisme, mille noms ! Un homme que j'ai vu arranger les Anglais comme ça !...

Le corsaire, à ces mots, pour donner plus d'expression à son discours et suivant l'usage gesticulateur des Provençaux, fit un moulinet avec sa hache.

— Citoyen commissaire, poursuivit-il, ce sont les hommes de ta section qui ont commis le meurtre ; je demande justice de ceux qui restent. J'ai commencé par en abattre une demi-douzaine, mais les autres se sont enfuis.

— Un vrai républicain ne doit pas se faire justice par lui-même ; respect à la loi, liberté, égalité... dit Scipion d'un air dogmatique.

D'un geste qui fit trembler les trois sans-culottes, Charabot l'interrompit.

— Je n'aurais pas vengé mon second sur des assassins ! s'écria-t-il.

Le commissaire de section ne jugea pas à propos de maintenir la conversation sur ce terrain dangereux.

— Tu as raison, dit-il, les *Droits de l'homme* l'autorisent à se défendre quand il est attaqué. J'avais mal interprété les faits. Viens au club à midi, nous prendrons les mesures convenables ; le sang d'un bon citoyen crie vengeance ; je m'en charge.

— Bien ! dit le corsaire, achève ce que j'ai commencé ; et maintenant, que veux-tu ? Pourquoi à pareille heure êtes-vous trois dans ma bastide?

— Nous avions besoin de te voir avant ton départ. Le citoyen Régulus, que je te présente, et Agricola, que tu connais, désiraient faire partie de ton équipage. Celui-ci a changé d'idée ; veux-tu de l'autre? C'est mon ami, je te le recommande.

Charabot jeta un regard sur Vincent, et, malgré la fermeté de son caractère, ne jugea point possible de répondre par un refus. Mais Mario reconnut aisément sur ses traits un sentiment de répulsion.

— Et que sait faire ton ami? demanda le capitaine. Est-il matelot, canonnier, bon tireur?

— Il est républicain, dit silencieusement le commissaire Scipion.

— Républicain jusqu'à la mort! ajouta Vincent avec une emphase hypocrite, je deviendrai marin et canonnier, car j'ai du cœur et je manie une pique...

— Une pique! interrompit le corsaire avec dédain.

— La pique est l'arme de l'homme libre, a dit Romme, l'auteur du nouveau calendrier proposé à la Convention.

— Assez! je le prends; qu'il aille se faire enregistrer au bureau, et qu'il soit à bord de *la Mouraille*, dans l'avant-port, à trois heures de l'après-midi.

— Je te remercie, citoyen capitaine.

— Allons Agricola, dit Scipion, ton dernier mot; tu vois que le capitaine est accomodant.

— Je n'en veux plus, tu sais pour quelles raisons.

— Je n'accepte que des braves de bonne volonté. Tiens-moi compte, commissaire, d'avoir admis ton Parisien par amitié pour toi.

— Je suis de Carcassonne, interrompit Vincent.

— De Carcassonne, soit! repartit le corsaire en ricanant; ça ne t'empêche pas d'être Parisien : *Un Parisien, c'est un terrien.*

Le débit de cet aphorisme maritime venait de rendre à Charabot sa bonne humeur; sa physionomie mobile perdit toute trace des émotions qui l'avaient successivement bouleversée.

Pendant qu'il reconduisait les sans-culottes, Agricola se rapprocha de lui, mit la conversation sur le compte de Décia, et brusquant la péroraison, dès que la grille fut refermée, dit à travers les barreaux :

— En me distinguant à ton bord, j'espérais conquérir ses bonnes grâces. Pour elle, j'aurais donné ma vie. Mais à cette heure, Décius, je fais fi de sa main!... Elle a un amant!

— Misérable! cria le corsaire en déchargeant un pistolet sur lui.

Agricola n'avait pas été atteint; il répliqua de derrière le mur :

— Va visiter la chambre de ta vertueuse enfant, tu verras!

Le corsaire, furieux, voulut rouvrir la grille, mais dans sa colère il avait laissé tomber sa clef, et lorsque la porte tourna de nouveau sur ses gonds, il n'entendit plus que les pas des visiteurs, qui avaient pris la fuite.

— Si l'infâme avait dit vrai pourtant! murmura-t-il.

A ce soupçon, plus rapide que l'éclair, il remonte précipitamment, ouvre le cabinet, sans vouloir écouter Marie, aperçoit Louis de Touranges et ajuste son second pistolet.

— Grâce! crie la jeune fille en se jetant sur son bras.

Il la repoussait, quand il se sentit réduit à l'immobilité par l'étreinte nerveuse d'un homme qu'il n'avait pas encore vu.

Louis de Touranges vint en aide à Chrétien et à la tremblante Marie.

A eux trois, ils entraînèrent au milieu de l'appartement le corsaire, qui s'écriait en laissant tomber son arme :

— Ils sont deux, grâce au ciel! Larguez-moi donc : expliquons-nous.

II

NAUFRAGE

Quatre mois environ après les scènes de la bastide, un brig de douze canons, poussé par une violente brise de mistral, naviguait péniblement à travers les lames courtes et dures de la Méditerranée.

Ses flancs et sa mâture portaient de glorieuses cicatrices; son gouvernail de fortune, son gréement rajusté, ses vergues jumelées, ses voiles trouées en mille endroits prouvaient éloquemment qu'il avait eu de sérieuses luttes à soutenir.

Un mouvement inusité avait lieu sur le pont. L'équipage, armé comme pour une action, gardait deux files d'hommes qu'il était aisé de reconnaître pour des prisonniers de guerre. Le capitaine et le second, assis à l'écart sur la dunette, causaient en suivant des yeux les préparatifs d'une exécution maritime.

Maître Négro tourna la tête du côté de l'imprudent questionneur, et d'un air menaçant :

— Qu'est-ce que ça te fait, curieux !

— Rien, maître ; n'y a pas d'offense, m'est avis. Après ça, notre second serait un ci-devant je m'en moque pas mal. C'est un brave et un bon enfant, suffit !

Depuis son embarquement à bord de *la Mouraille*, Vincent, dit Régulus, n'avait que trop justifié les répugnances instinctives du capitaine Charabot. Il s'était comporté avec une mollesse et une lâcheté qui lui avaient attiré le mépris de ses camarades. Il devint bientôt leur plastron ; les maîtres l'employaient aux travaux les plus rebutants ; on le reléguait habituellement dans le faux-pont et dans la cale. Il se trouva donc en rapport fréquent avec les prisonniers, et, soit qu'il fût animé par le désir de se venger ou de se soustraire aux mauvais traitements, soit qu'il suivit un projet antérieur à son arrivée à bord, il ourdit avec les Anglais une conspiration pour s'emparer du navire.

Heureusement Négro avait tout découvert.

Le maître avait pris Vincent en horreur depuis la nuit passée à la bastide ; il le détestait comme un des compagnons des deux terroristes qui l'avaient mis en danger, lui et Louis de Touranges, pendant qu'ils étaient cachés dans la maisonnette du capitaine, danger qui ne fut point conjuré, tant s'en faut, par les explications données après la fuite des sans-culottes.

Décius Charabot, heureux de trouver sa fille innocente, lui accorda facilement la place de second pour l'officier proscrit et l'embarquement de Chrétien à bord du brig ; mais le départ fut retardé par suite de l'enquête relative à l'assassinat du premier lieutenant de *la Mouraille* ; plusieurs jours se passèrent dans des transes mortelles.

A cette époque on ne pouvait entourer de mystère aucun des actes de la vie intime. La demeure du capitaine, qui avait quitté la bastide pour sa maison de ville, était, d'ailleurs, le rendez-vous ordinaire de certains membres des clubs, qui, au sortir des séances, venaient s'entretenir avec lui des nouvelles maritimes.

La reddition de Toulon à la flotte combinée, les dissensions de l'escadre française, l'appareillage des six vaisseaux du contre-amiral Saint-Julien, qui resta fidèle à la république, la prise de Toulon par l'armée nationale, l'expulsion des Espagnols et des Anglais, l'incendie du port et la conduite des forçats de l'arsenal, dont la plupart s'empressèrent d'éteindre le feu au lieu de s'enfuir à la faveur du désordre, fournissaient d'inépuisables sujets de discussion.

Le commissaire Scipion était un des plus assidus discoureurs. Il se gardait bien de faire allu-

Lorsque, en sa qualité de maître de manœuvres, Chrétien, embarqué sous le nom de Négro, eut achevé de faire amarrer à l'échelle de haubans un homme dont les traits portaient l'empreinte d'une profonde terreur, il s'avança vers les chefs du navire, ôta son chapeau et dit de sa voix enrouée :

— Régulus et moi nous sommes prêts.

Décius ne se retourna pas.

— Non, lieutenant, disait-il à Louis de Touranges, qui, de son côté, se faisait nommer Artimon, jamais d'indulgence pour les lâches et les traîtres ! Que penserait mon équipage si je *mollissais* ?

Sur ces mots, il s'avança jusqu'au pied du grand mât, et parlant tour à tour en français et en anglais, il s'écria d'un ton solennel :

— Le conseil de discipline, assemblé aujourd'hui à bord du brig français *la Mouraille*, composé de moi, Décius Charabot, capitaine dudit brig, président, du lieutenant Artimon et des premiers maîtres : Négro, maître de manœuvres, Fénélon, maître charpentier, et Carpentras, maître de canonnage, juges, condamne le nommé Régulus, matelot, à recevoir trente coups de corde pour avoir entretenu des intelligences criminelles avec les prisonniers. Et vous autres, continua-t-il en s'adressant aux Anglais, rappelez-vous qu'au moindre bruit dans le faux-pont, je vous fais tous fusiller.

Restait à donner l'ordre d'exécution.

— *Envoyez!* commanda-t-il, et pas de plaisanterie! entends-tu?

Cette dernière recommandation était inutile; la garcette tomba lourdement sur les épaules de Vincent dit Régulus, à qui l'on n'avait laissé qu'une chemise de toile. Négro s'acquitta consciencieusement de ses cruelles fonctions, et l'unique vêtement du coupable était teint de sang lorsqu'on le démarra de l'échelle. On lui offrit une autre chemise, mais il refusa d'en changer avec une énergie à laquelle on était loin de s'attendre. Sa résistance cependant n'éveilla aucun soupçon : « Garde-la, chien maudit, puisque tu le veux, » lui dirent les corsaires; puis il fut remis aux fers avec les prisonniers anglais.

Régulus n'excitait pas la moindre pitié; loin de là, Négro et ses camarades blâmaient entre eux le second d'avoir retenu le capitaine, qui, au moment de la découverte du complot, avait voulu lui brûler la cervelle.

— J'ai navigué dans le temps avec le lieutenant Artimon, disait le maître; c'est un vrai matelot, un *choix sur choix* : mais chacun a son défaut : le sien est d'avoir le cœur tendre. Hors le moment du combat, on le prendrait pour un agneau en nourrice.

— Où donc as-tu déjà fait campagne avec lui demanda un matelot. Au *service* apparemment, car il vous a des airs d'aristocrate.

sion à la matinée de la bastide, et de parler des amours de Décia, qu'il croyait avoir découvertes : le capitaine n'eût pas été d'humeur à le souffrir, mais par ses interminables diatribes contre les receleurs de suspects, il faisait frémir Marie, car Louis de Touranges était caché dans la pièce voisine.

Quant à Décius Charabot, il restait impassible, tout en hâtant de ses vœux l'instant de mettre sous voiles ; malheureusement, les causes de retard se multipliaient, les vents devinrent mauvais, et les sans culottes continuaient d'affluer dans son salon, devenu la succursale du club des Piques.

Bien des fois la jeune fille dut user de ruse pour donner le change à la foule des visiteurs, dont, grâce au ciel, Agricola ne faisait plus partie. Il ne laissait pas néanmoins que d'être fort à craindre.

Après ce qui s'était passé à la grille de la bastide, s'il évitait la rencontre du corsaire, il rôdait constamment autour de sa demeure. Il épiait tous ceux qui entraient ou qui sortaient, s'efforçant de reconnaitre dans leur nombre un rival dont il avait juré la perte. Semblable à l'oiseau de proie qui cherche une victime, il guettait sans relâche.

Marie s'en apercevait avec épouvante.

Elle ne révéla point ses alarmes à son père, compromis par l'hospitalité accordée à l'officier fugitif : elle avait trop de délicatesse pour lui parler d'Agricola ; elle afficha, au contraire, une gaieté folle, que l'infatigable sentinelle ne put observer sans dépit.

La jeune fille allait et venait, chantant et jouant, courant à la terrasse, se mettant à la fenêtre, rentrant précipitamment, revenant à la hâte, dissimulant sa terreur sous l'apparence de l'attente.

Afin d'augmenter la prudence de Louis de Touranges, elle lui laissait, au contraire, deviner toutes ses émotions.

La reconnaissance, d'un côté, la pitié de l'autre, établirent ainsi peu à peu une douce intimité entre le proscrit et sa libératrice. Mais l'absence devait les éclairer bien mieux sur la nature de leurs sentiments.

Marie s'avoua qu'une affection profonde était née dans son cœur de l'intérêt que lui inspirait le jeune officier. Et en mer, lorsque *la Mouraille* eut enfin mis à la voile, Louis de Touranges reconnut qu'il aimait d'un amour ardent la fille de son capitaine.

Les premiers exploits du brig corsaire avaient eu le désastreux résultat de le cribler d'avaries. Le mistral fondit sur le navire avant qu'il eût pu se réparer. Il était dans un état affreux. Les dernières voiles venaient d'être mises en pièces, son gouvernail improvisé fut bientôt enlevé par les lames.

Les mâts supérieurs dépassés, *la Mouraille* fatiguait horriblement sous le poids de son artillerie ; les bordages extérieurs, désunis par quatre mois de croisière et plusieurs combats, laissaient pénétrer l'eau dans la cale ; les matelots pompaient sous les yeux des maîtres ; le capitaine Charabot et son lieutenant interrogeaient le ciel et la mer avec anxiété ; d'instant en instant leurs inquiétudes augmentaient avec le péril.

— Commandant, dit maître Fénélon en entrant, les pompes ne franchissent plus. Tout à l'heure, l'eau passera par nos trous de boulets de la flottaison.

Les deux officiers s'élancèrent hors du rouf.

— Allons, les grands moyens ! s'écria le corsaire, coupons la mâture, il en est temps.

— Il est temps aussi de jeter l'artillerie à la mer, dit le lieutenant à voix basse.

— L'artillerie à la mer ! jamais ! répondit impétueusement le capitaine.

Moins d'une demi-heure après, cependant, Louis de Touranges avait triomphé de cette noble répugnance : les douze bouches à feu avaient suivi la mâture.

Le brig, ras comme un ponton, sans gouvernail, privé de ses braves canons, roulait et tanguait au gré des lames. D'après les ordres de Décius, les prisonniers avaient été mis en liberté ; les corsaires en armes les gardaient encore tout en travaillant avec l'énergie du désespoir. Devant le danger commun, les inimitiés s'étaient assoupies ; vainqueurs et vaincus réunissaient leurs efforts. Les seaux, les pompes, les puisards étaient insuffisants.

La chute de la mâture, les mesures extrêmes prises par les chefs avaient retardé le moment ; mais le navire coulait à vue d'œil.

Chrétien harcelait les travailleurs avec autant d'activité et de sang-froid que s'il eût été simplement question de *virer de bord un peu vivement*.

Il n'est pas, en effet, dans la nature du matelot de se décourager ni de se lamenter, comme pourraient le faire croire certaines relations de naufrages. Toutes les fois que les chefs conservent assez d'empire sur eux-mêmes pour donner des ordres à leurs subordonnés, ces ordres sont exécutés jusqu'à la fin sans plaintes, sans murmures, avec une héroïque indifférence. Les marins semblent insensibles au péril tant que les officiers en acceptent la responsabilité. Si l'on a des exemples de scènes effroyables, dignes du nom de déroutes maritimes, c'est que les hommes appelés à commander avaient les premiers manqué à leurs devoirs, et crié, pour ainsi dire, le *sauve qui peut*.

Chrétien savait la mort sous ses pieds, il savait que dans peu d'instants elle allait déferler à bord, mais il voyait ses chefs fermes à leur poste, il était inébranlable au sien.

Louis de Touranges, calme aussi, bien que triste au souvenir de Marie, combattait par tous les moyens les envahissements de la mer, et faisait ponctuellement exécuter les ordres du capitaine.

Décius Charabot était sublime de sang-froid, de prudence et de science nautique. Cet homme irascible, qu'un mot transportait de fureur dans la vie ordinaire, ne jurait plus, ne s'échauffait plus, parlait doucement comme un docte professeur en chaire. Il comptait les minutes d'existence qui restaient à son navire avec la précision du praticien qui étudie la mort sur le pouls d'un agonisant. Ses prescriptions laconiques inspiraient aux matelots une singulière confiance.

Maître Fénélon disait tout bas à ses camarades :

— Le capitaine, les mignons, n'a pas son pareil !... Il ferait naviguer un saumon de plomb. Voyez-le, là-bas derrière ; il vous a l'air à son aise ni plus ni moins qu'à la noce.

Le maître-canonnier Carpentras disait de son côté :

— N'oublions pas, matelots, ce que nous contait la citoyenne Pelure, notre vieille hôtesse, qui est quasiment sorcière : « Si *la Mouraille* ne fait pas de vieux os, elle en fera des neufs. » Ce n'est pas trop clair, mais ça donne du cœur tout de même.

— M'est avis à moi, répliquait un gabier moins crédule, que la mère Pelure n'est pas si sorcière qu'elle en a l'air. Elle pensait que nous empoignerions quelque navire tout neuf, quand notre pauvre *Mouraille* serait trop vieille... Mais plus de canons, et rien en vue... Je commence à me dire, maître, que *la Mouraille* ne fera pas de vieux os, ni nous non plus.

— Silence et courage ! commanda le capitaine.

Et l'équipage se tut, et l'on reprit courage, puisque c'était l'ordre du brave Décius Charabot.

Les Anglais ne pouvaient, comme les corsaires, puiser dans la confiance de Fénélon, ni dans les récits de maître Carpentras, une espérance superstitieuse ; le cri du capitaine ne les rassura pas davantage, mais le salut commun pouvait dépendre d'un retard, d'une rencontre ; ils pompaient vaillamment.

Les Français n'eurent besoin d'employer la force que contre le misérable Vincent, qui pleurait et s'arrachait les cheveux en hurlant ; Chrétien le menaça de la pointe d'un sabre.

— Pompe, traître ! et ferme ton bec, dit-il.

Le prétendu Régulus devint blême. Un éclat de rire moqueur retentit sur le passavant, malgré l'horreur croissante de la situation.

— Bas les pompes et les seaux ! aux embarcations ! commanda le capitaine.

La surface de la mer se trouvait alors de niveau avec le pont. La cale et les deux tiers du faux-pont étaient noyés. Les trois canots, posés sur des espars comme sur des chantiers, présentaient leurs avants aux murailles du navire.

Quand les apprêts de ce douteux sauvetage furent terminés, Décius donna l'ordre d'ouvrir à la fois deux brèches à coups de hache. On n'entendit plus que le mugissement des vagues et les craquements des pavois qui cédaient. Puis les lames se précipitèrent avec violence sur les passavants et les gaillards, défoncèrent les panneaux et roulèrent impétueusement dans l'entre-pont.

Au premier coup de roulis, la chaloupe glissa hors du brig ; un cri de joie signala que sa manœuvre avait réussi.

Le grand canot rencontra de plus grandes difficultés ; il fut entraîné à l'intérieur par le contre-coup de roulis qui avait mis la chaloupe à flot. On dut craindre que son avant ne fût plus convenablement tourné lorsqu'il serait temps de pousser au large. Heureusement Louis de Touranges s'était attendu à ce qui arrivait ; un cordage habilement disposé, que les marins appellent une *retenue*, maintint l'embarcation dans la ligne nécessaire. Grâce à l'adresse de Chrétien, qui dirigeait les mouvements, le périlleux appareillage s'effectua également sans catastrophe.

Quant aux prisonniers, dont le frêle canot devait sortir par la même ouverture que la chaloupe, ils essayèrent vainement d'imiter son évolution. Chavirés par les vagues, ils furent roulés çà et là sur le pont ; la plupart s'élancèrent à la mer et s'attachèrent aux débris de mâture qui entouraient le bâtiment. Faible ressource ! car, ne pouvant s'éloigner, ils étaient destinés à couler en même temps que *la Mouraille* : on sait quelle est la puissance du remous causé par un bâtiment qui s'engloutit.

Les lames, maîtresses du navire, déferlaient sur les gaillards comme en pleine grève, démolissant, balayant tout ce qu'elles rencontraient sur leur passage.

Quelques minutes plus tard, un affreux tourbillon indiquait seul la place où le vaillant brig des corsaires venait de creuser sa tombe.

III

CONQUÊTE

Lorsque le capitaine Désius Charabot se vit forcé de tenter l'unique chance de salut qui restât à son équipage, la violence du mistral diminuait, mais l'état de la mer était le même, et les crêtes des lames rétrécissaient tellement l'horizon de la chaloupe, qu'une fois débordée elle n'aperçut point les autres embarcations.

On ne savait si la tentative du grand canot avait réussi ; le bruit des vagues ne permettait d'entendre aucun signal ; ce fut à peine si la disparition du brig se fit ressentir par une secousse sourde que les plus vieux matelots furent les seuls à comprendre.

Le capitaine baissa tristement la tête, comme l'Arabe du désert au dernier hennissement de son coursier de bataille. Cet intrépide croiseur, qu'il avait monté si souvent, achevait de rendre son âme aux flots.

Pour le marin, le navire n'est pas simplement un corps matériel, une machine, un meuble, une caserne, c'est un être doué de vie et de sensibilité, qui gémit pendant la tempête, qui se lamente et pleure lorsque le calme l'enchaîne, qui dort au mouillage, qui veille et travaille au large. Le jour du naufrage, le marin croit entendre le cri d'agonie de son bâtiment en détresse. Cette voix plaintive domine pour lui pendant quelques instants la voix des éléments en courroux. Son vaisseau ne s'engloutit pas seulement : il meurt.

Dans la chaloupe, quelques grognards tressaillirent aux derniers adieux de *la Mouraille* abandonnée, aucun d'eux n'osa rompre le silence.

Une muette douleur succédait au hourra d'allégresse qu'une réussite inespérée avait arrachée aux bâbordais. Loin de tout, point de relâche ; sans vivres, sans munitions, sans eau douce, ils allaient se trouver dans une position horrible. Quand même ils parviendraient à éviter d'être chavirés ou remplis, une mort plus cruelle encore les attendait : la mort de faim !

Les avirons n'effleuraient les flots qu'avec difficulté ; Décius, grave et triste, gouvernait lui-même ; désormais la vie des naufragés dépendait d'un faux coup de barre.

L'embarcation naviguait ainsi au hasard, lut-

tant, au milieu du chaos contre des périls sans
cesse renaissants. Elle présentait l'avant aux
menaçantes masses d'eau qui s'avançaient à sa
rencontre, l'enlevaient sur leur sommet, roulaient sous sa quille, et la laissaient glisser ensuite au fond du précipice en face d'une nouvelle avalanche.

— Commandant, dit tout à coup maître Fénelon, j'ai vu un fort brig, tribord à nous, petite distance.

— Navire au vent ! s'écrièrent à la fois plusieurs matelots.

— C'est bien, restez assis ; j'y vois pour tous.

Quelques minutes s'écoulèrent dans une incertitude cruelle ; mais à la levée de la lame, Décius découvrit à son tour la voile signalée ; son œil de marin ne pouvait le tromper.

— Brig de guerre anglais ! Enfants, dit-il à haute voix, il est à la cape, et la houle l'empêche de nous voir. Vive *la Nouvelle-Mouraille* ! Silence. Tenons-nous parés à l'aborder. Pèse sur les avirons. Ensemble, garçons ! *Souque ferme !*

Tous ceux qui n'étaient pas occupés à *nager* apprêtèrent leurs armes ; quelques-uns n'avaient que des couteaux, d'autres comptaient sur les rames, les gaffes ou la barre du gouvernail. Tous les cœurs battaient maintenant d'une ardeur martiale. Mais il fallait surprendre l'ennemi ; une attaque soudaine pouvait seule compenser le désavantage du nombre et le manque de poudre.

Quand la chaloupe passa en poupe de l'anglais, un cri d'alarme retentit dans ses hures :

— Courage, enfants, à bord ! au plus tôt paré ! commanda Décius en brusquant l'accostage. Laisse aller les avirons : vive la république !

Et les corsaires, à la suite de leur intrépide commandant, s'élancèrent sur le pont du brig.

Au ressac des lames, l'embarcation brisée, manqua sous les pieds des derniers à sauter à l'abordage.

— Vaincre ou mourir ; on ne se rendra pas !
— Oui, capitaine, vaincre ou mourir !
— En avant ! nettoyons les gaillards ; pas de quartier !

Les matelots français obtinrent d'abord un avantage marqué et prirent possession de l'arrière sans éprouver grande résistance ; mais les Anglais parvinrent bientôt à se mettre sur la défensive.

Les compagnons de Décius avaient eu, à la vérité, le temps de s'armer avec le tact ordinaire des matelots, en se saisissant de leviers de pointage, de barres d'anspect, et même de quelques sabres trouvés dans la dunette ennemie ; malheureusement, de la mâture, les gabiers les écrasaient de projectiles ; le peloton des soldats de marine formé en bataille les décimait par un feu nourri ; à chaque instant, de nouveaux adversaires surgissaient des panneaux, et les officiers anglais avaient rejoint leurs hommes en traversant le faux-pont.

Les corsaires, réduits à la dernière extrémité, perdaient toute chance de succès ; ils n'en continuaient pas moins cette lutte inégale sans penser à capituler.

Décius, ralliant à lui tous ses hommes, se précipita sur la garnison, qui rechargeait ses fusils et n'eut que le temps de croiser la baïonnette.

La mêlée recommença corps à corps.

Le feu se trouvait interrompu ; les gabiers cessèrent de lancer des biscaïens, de crainte d'atteindre leurs compatriotes : les Français gagnèrent encore un peu de terrain ; mais chaque pas coûtait la vie à quelques braves.

Les Anglais, sûrs de l'emporter, grâce à leur force numérique, eurent recours à un dernier moyen qui devait mettre fin au carnage. Une caronade chargée à mitraille fut braquée sur le groupe des combattants ; l'ordre d'effectuer la retraite fut donné aux soldats, qui s'efforcèrent de reculer, afin de laisser le champ libre aux canonniers. Cependant chaque corsaire se faisait un rempart du corps de son antagoniste ; il fallait à tout prix s'emparer de la pièce prête à faucher les abordeurs.

La mèche allumée brillait au-dessus de la lumière.

— Ne tuez plus! criait Décius. Faites comme moi, empoignez-les, marchons droit au canon.

Le capitaine, en effet, tenait du bras gauche, sur sa poitrine, un sergent d'infanterie, qui lui servait de bouclier, et courait aux artilleurs en brandissant sa hache de la main droite. Les matelots français suivirent cet exemple autant qu'ils purent.

Le commandant anglais saisit la mèche et l'approcha de l'étoupille.

Décius et ses compagnons ne lâchaient point prise; ils avançaient toujours; l'Anglais se décida enfin à sacrifier ses propres soldats pour se débarrasser des corsaires, et il allait faire feu, lorsque le cri: « A l'abordage! » retentit à l'avant.

Le grand canot aborde.

L'issue du combat cesse d'être douteuse.

Le commandant n'ose plus consommer l'horrible sacrifice auquel l'espoir de vaincre l'a déterminé; jaloux d'une mort glorieuse, il s'élance presque seul sur les nouveaux assaillants, et là il périt les armes à la main, sans demander merci.

Les soldats et les canonniers, pris à revers, avaient rompu les rangs; quelques-uns se rendirent à discrétion, les autres s'enfuirent dans la cale. Le pavillon français flotta enfin sur la poupe du brig ennemi.

Avec deux misérables barques, et presque sans armes, l'équipage de *la Mouraille* venait d'accomplir un de ces exploits incroyables qui gisent oubliés dans les chroniques éparses de notre marine, car ils n'ont pas trouvé d'écho au milieu des grandes clameurs de la république et de l'empire. Et pourtant, est-il dans les fastes maritimes d'aucun peuple un trait d'audace plus digne d'admiration que celui de ces marins en détresse dont un nouveau danger centuple l'énergie, et qui, au lieu d'implorer un asile, font glorieusement une dernière conquête ?

IV

RETOUR A MARSEILLE

Une heure après la prise du brig anglais par l'équipage de *la Mouraille*, le service était régulièrement organisé à bord. On avait déblayé le champ de bataille, pansé les blessés, fait l'appel, mis les prisonniers aux fers dans le faux-pont et le navire. Décius Charabot avait donné à sa glorieuse capture le nom de *Nouvelle-Mouraille*.

— Parbleu, disait maître Négro en faisant rouler les cordages, voilà des réparations qui ne coûteront pas cher à nos armateurs. Un beau brig de 18, tout neuf, pour une vieille carcasse de 12 criblée de boulets. Parlez-moi d'un pareil coup de commerce. Après ça, on peut décemment retourner à Marseille.

Dans le bassin de la Méditerranée, à la suite d'une tempête, la mer ne conserve pas pendant plusieurs jours une longue houle creuse et fatigante, ainsi qu'il arrive sur l'Océan. Dès que le gros temps a cessé, la surface des eaux se rassérène, un brillant clapotis remplace les nappes écumeuses. Le capitaine ordonna donc de *faire de la toile* et de prendre une allure de marche au lieu de rester à la cape; et il se serait immédiatement dirigé vers les côtes de Provence sans l'intervention de Louis de Touranges, qui le suppliait de *courir un bord* à la recherche du petit canot.

Certes, le corsaire ne pouvait être accusé d'inhumanité et donnait constamment dans sa vie privée des preuves du contraire, mais il avait une haine si vive pour les Anglais, que le problématique sauvetage des prisonniers ne s'était pas même offert à sa pensée.

On ne tarda pas à découvrir du haut des mâts le lieu où la vieille *Mouraille* avait disparu.

Des espars, des fragments de pavois et le petit canot chaviré, servaient d'amers au jeune lieutenant, qui fit gouverner de manière à passer au milieu des débris. Quelques hommes, convulsivement accrochés à des boute-hors ou à des planches, furent recueillis; le dernier que les corsaires hissèrent à bord fut Vincent.

— Encore ce misérable! s'écria le capitaine avec dégoût. A fond de cale! et qu'on le jette sur les quais dès que nous arriverons.

Le lieutenant transmit ces ordres à maître

Chrétien dit Négro, qui chassa devant lui Régulus, au milieu des huées de l'équipage.

— Tu peux te vanter, failli gars, lui dit-il en l'escortant, d'avoir de fameuses obligations à notre lieutenant.

Vincent tremblait ; il tourna d'abord son regard sinistre vers le contre-maître, il le reporta ensuite du côté de l'officier ; puis les muscles de son visage se contractèrent, et il murmura sourdement :

— Oui ! oui ! mais c'est un Touranges !

Négro tressaillit, crut avoir mal entendu, et se contenta de mettre aux fers le misérable protégé du commissaire Scipion.

Cependant les voiles avaient été orientées, l'on faisait route pour Marseille.

Décius Charabot, tout fier de ses prises nombreuses, dont plusieurs l'attendaient déjà au port, et fier surtout de ramener en trophée un brig de guerre anglais, passait les soirées à s'entretenir avec son lieutenant du plaisir qu'il aurait à ranger à l'honneur les forts de la rade :

— Ils vont rire un peu là-bas, disait-il en se frottant les mains, quand ils verront *la Nouvelle-Mouraille* rentrer, huniers et perroquets au vent, le yacht renversé, inférieur aux couleurs nationales !

Quelquefois aussi il parlait du vieux brig sur lequel il avait commencé ses croisières, et il ne cherchait pas à dissimuler ses regrets :

— C'était un vaillant navire, qui m'obéissait à la voix, lieutenant, un noble ami que je n'ai pu quitter les yeux secs ; je n'ai pas laissé voir mon émotion à l'équipage, mais j'avais le cœur chaviré !... Si le devoir ne m'avait ordonné de sauver mes hommes, et si je n'avais songé à Décia qui m'attend au port, je ne me serais pas séparé de ma *Mouraille*, nous aurions péri ensemble.

— Grâce à Dieu, capitaine, les instincts du marin ne l'ont pas emporté sur les devoirs de l'officier, sur les affections du père de famille.

— *La Mouraille* a fini en vrai corsaire !... reprenait Décius Charabot avec une sorte d'enthousiasme : Le brave morceau de bois est mort, mort au champ d'honneur, sans nous laisser seulement un espar ; mais en s'enfonçant, il nous léguait un bel héritage à quatre encablures ; on jurerait qu'il le savait et n'attendait que ça pour couler !

Telle était l'oraison funèbre du croiseur que Décius Charabot avait illustré par plusieurs mémorables campagnes. Souvent aussi les sentiments paternels du loyal corsaire reprenaient le dessus, et Louis de Touranges l'écoutait avec la plus douce des émotions.

Trop heureux d'entendre parler de Marie, il s'efforçait de diriger le sujet de la conversation vers celle dont la pensée charmait ses rêveries, qu'elle remplissait de tendres espoirs.

Que de fois, pendant sa campagne, il avait évoqué le souvenir de sa gracieuse protectrice ! que de fois il avait songé à cette enfant naïve et confiante qui l'avait accueilli, caché, sauvé, lui, proscrit et fugitif, à cette prudente jeune fille dont le courage ne s'était pas démenti dans des circonstances de plus en plus difficiles !

Aussi, maintenant, tandis que *la Nouvelle-Mouraille* faisait voile pour Marseille, peu lui importaient les nouveaux périls qui l'attendaient s'il était reconnu ou dénoncé ! Il ne songeait qu'au bonheur de revoir son ange tutélaire !

Douce et bonne comme la mère pieuse qu'elle pleurait, Marie avait les qualités généreuses d'une fille de marin. Louis de Touranges admirait son énergie autant que sa touchante candeur ; loin de redouter l'instant où il redescendrait sur le sol de la République, il aspirait au retour à Marseille avec l'ardeur d'un cœur reconnaissant, rempli d'amour.

La fin de l'expédition n'ayant présenté aucun nouvel incident, les vigies de la côte ne tardèrent point à reconnaître, à la flèche d'un brig anglais de dix-huit canons, le guidon particulier du capitaine Décius Charabot.

La population accourait sur les quais pour applaudir aux nouveaux succès des corsaires ; des acclamations triomphantes les saluaient, et *la Nouvelle-Mouraille* achevait à peine de s'amarrer, lorsqu'un premier canot s'en détacha. Il mit à terre, conformément aux ordres du capitaine, un homme pâle et soucieux qui traversa la foule en courant : c'était Vincent, dit Régulus.

Dès qu'il fut assez loin, il se retourna, haussa les épaules, sourit méchamment et disparut.

Les rangs de la multitude s'ouvraient alors pour laisser passer une jeune citoyenne drapée dans une robe grecque. Elle était semblable à une vierge de l'antique Phocée. Son allure ferme et gracieuse, sa beauté, son port modeste, et par-dessus tout l'expression de fierté qui éclatait sur ses traits provoquaient l'admiration. Elle s'avançait les yeux baissés ; un aimable sourire errait sur ses lèvres. Rouge de pudeur et de joie, elle n'essayait pas de dissimuler ses émotions généreuses.

Un murmure de sympathie se fit entendre autour d'elle ; les hommes ôtaient respectueusement leurs bonnets rouges, les femmes la contemplaient avec envie, chacun lui rendait hommage ; car la bienfaisance et les vertus de Décia Charabot n'étaient pas moins populaires que les exploits du capitaine de *la Mouraille*.

A bord, les matelots ferlaient les voiles et roulaient les cordages ; Chrétien faisait aligner les vergues et raidir les manœuvres ; Décius lui-même activait les travaux d'ordre et de propreté, car il tenait à honneur de ne descendre à terre que quand son brig serait entièrement *espalmé, lustré, attifé*, digne de lui.

Seul, le lieutenant, debout sur la dunette, ne prenait aucune part au mouvement général. Absorbé dans une contemplation muette, il regardait la fille du corsaire accourue, comme celle de Jephté, au-devant de son père victorieux.

Louis de Touranges avait deviné Marie avant même de l'apercevoir. A sa vue il oubliait jusqu'à ses devoirs d'officier en second, il restait étranger aux travaux des marins, et n'entendait même pas les acclamations bruyantes du peuple de Marseille...

— Eh bien, lieutenant ! s'écria le capitaine en montant à côté de lui, ne nous amusons pas à écouter ces braillards ! débarrassons-nous des prisonniers au plus vite, installons-nous vivement, faisons des vivres et de l'eau : que personne ne descende avant que le brig soit paré à prendre le large. — Maître Négro, *embarquent mes canotiers !* ajouta-t-il d'un ton de commandement, et, s'adressant de nouveau à son second : Je puis, maintenant, aller embrasser ma fille !

— La voici, capitaine, répondit l'officier.

Le père salua son enfant de la main, et descendit dans l'embarcation, en recommandant encore une foule de travaux accessoires.

Dès que la yole fut débordée, Louis de Touranges se pencha au sabord, vit Marie se précipiter entre les bras de Décius, et la suivit des yeux en frémissant d'amour.

Avec une simplicité charmante, elle lui adressait un geste et un regard qui le ravirent de bonheur :

— A bientôt ! murmurait-elle.

— A ce soir, lieutenant ! cria Décius Charabot.

Ensuite, il donna le bras à sa fille, et s'éloigna escorté par la foule qui célébrait ses succès.

Quand tout eut disparu, le lieutenant, revenu à lui comme après un doux songe, s'empressa de faire exécuter les ordres du capitaine.

Les prisonniers furent livrés à l'autorité militaire ; le navire fut déblayé, le gréement mis en état et le chargement d'eau douce complété; enfin l'on arrimait le dernier baril des vivres de campagne, lorsque six heures du soir sonnèrent à la cloche du bord. On tira au sort les noms des hommes de garde, puis Louis de Touranges et les matelots exempts de service sautèrent joyeusement dans la chaloupe.

Ceux-ci allaient chercher les bruyantes joies de l'orgie, celui-là les suaves émotions d'un amour pur et timide.

Louis n'avait pas la présomption de se croire l'objet d'un sentiment plus tendre qu'un certain intérêt inspiré par sa position de proscrit.

Il savait seulement que le cœur de Marie était libre ; il savait qu'Agricola n'avait pu obtenir sa main ; enfin, il comptait beaucoup sur l'amitié de Décius et sur les circonstances qui le rapprocheraient de la jeune fille.

Au moment où il allait se rendre à terre, Chrétien lui dit à voix basse :

— Méfiez-vous, mon capitaine (Chrétien donnait toujours ce titre à son ancien officier, à moins qu'il ne lui parlât en public) ; le quart m'est tombé, et j'en marronne, car autrement j'aurais navigué dans votre sillage et ouvert l'œil pour deux. Il y a plus de danger pour vous à louvoyer sur le plancher des vaches, par la brise de guillotine qui souffle à terre, qu'il n'y en avait l'autre jour, quand le brig faisait son trou dans l'eau et qu'il ventait à déralinguer les yeux.

— Sois tranquille, Chrétien ; on respectera le second de *la Mouraille*.

— A-t-on respecté celui qui l'était avant vous, et qui pourtant se faisait gloire d'être républicain ?

— Bon quart ! mon brave ; les jours se suivent et ne se ressemblent pas. A demain donc, et d'ici là n'aie pas peur.

— Ah ! mon capitaine ! dit encore Chrétien, le feu et l'eau sont nos amis ; mais la terre et les sans-culottes, c'est comme l'enfer et les cinq cents diables !

Louis de Touranges sourit, sauta dans le canot et poussa.

En le voyant partir, le maître, inquiet comme un père, jura entre ses dents. Il soupirait à pleins poumons, et s'abandonnait à de sombres pressentiments qui n'étaient, hélas! que trop bien fondés, car Vincent dit Régulus s'était rendu tout d'abord chez son protecteur Scipion, commissaire de la section des Piques.

— A mon tour, enfin! murmurait-il avec une satisfaction farouche. Le traître, le lâche, le misérable va se venger... Enfin!...

Il rugissait encore de joie et de rage, lorsqu'il entra dans l'hôtel vendu comme bien national qu'habitait le commissaire Scipion.

C'était une des plus belles maisons de la ville. Située entre le port et l'ancien quartier aristocratique, elle se faisait remarquer par une disposition à la fois élégante et commode. Les représentants du peuple délégués par la Convention y avaient logé plusieurs fois. Elle était décorée dans le goût de l'époque, c'est-à-dire avec un mélange singulier de simplicité spartiate et de raffinement qui rappelait l'ancien régime. Au-dessus de l'entrée principale, on lisait en gros caractère : « Vivre libre ou mourir! » Plus bas, selon la loi du temps, était affichée la liste des noms, prénoms et qualités des hôtes du logis.

En homme qui connaissait les êtres, Vincent

traversa rapidement la cour, monta l'escalier et se dirigea dans un couloir étroit au bout duquel se trouvait le cabinet du commissaire. Il écouta un instant à la porte pour s'assurer que Scipion était seul, puis il entra :

— Toi ! s'écria le patriote vivement contrarié ; tu ne devais plus revenir !

— Bien sensible, mon bon Émile, à ton aimable accueil, répondit Vincent en fermant la porte à double tour. Il n'y a que les morts qui ne reviennent point.

— Mais tu ne sais donc pas que ta présence à Marseille peut me perdre ? Tu ne sais donc pas que plusieurs de tes pareils ont été pris et guillotinés ? Il fallait mourir à la mer, t'enfuir à l'étranger, ou tout au moins rester à ton bord ; tu me l'avais promis.

— Promettre et tenir sont deux, reprit Vincent avec effronterie. Il est facile d'inviter les gens à se faire tuer ; mais que veux-tu ? j'ai voulu t'épargner la peine de porter mon deuil.

— Misérable ! murmura Scipion en pâlissant.

— Bien obligé du compliment ! J'y suis fait. Mais écoute ; tu verras s'il m'a été possible de fuir, de rester à bord ou de te débarrasser de moi. Tu comprends, je suppose, que je ne suis pas pressé de te laisser ma succession...

— Au fait ! interrompit Scipion.

— On y vient ! patience !... Franchement,

j'avais calculé mon affaire avec beaucoup de talent. Sans le maudit maître d'équipage de *la Mouraille*, un faquin dont nous nous vengerons, sois tranquille, ma présence ne te chagrinerait plus. Sans lui, le brig qui a coulé bas, et le citoyen Charabot, son capitaine, ne se seraient pas quittés à l'amiable ! Je serais Anglais, ou Espagnol, ou Italien, ou n'importe quoi ! La philosophie ne reconnaît pas les vaines frontières que les préjugés ont établies entre les variétés diverses de la grande famille humaine. Le véritable philosophe n'a qu'une patrie, le monde, parce que le monde lui donne à dîner. Ne fronce pas les sourcils, mon bon, c'est inutile. Il faut me servir bon gré, mal gré, sinon je t'entraîne avec moi, ce qui me ferait beaucoup de chagrin, pour moi surtout. Vois-tu Émile, tu m'as donné des arrhes, il y a quatre mois ; ces arrhes je les ai gardées.

— Infâme ?

— Tes insultes ou rien, même chose. Entre amis on peut se permettre quelques vérités. Mais il s'agit à cette heure de se mettre à l'ouvrage. Et je t'apporte un plan superbe !

Vincent commença par raconter avec une hideuse sincérité tout ce qui s'était passé à bord. Le commissaire éprouvait un profond dégoût à l'entendre se vanter de ses lâchetés et de ses trahisons. Son cynisme le révoltait ; Vincent lui riait au nez.

— J'aurais été bon de me battre, disait-il, pour des hommes que je comptais quitter à la première occasion. Et puis, une blessure, un évanouissement, un rien pouvait me trahir : tu comprends? Je laissai donc les amateurs de coups de hache prendre deux brigs de commerce et un trois-mâts. Quelques jours après, ils eurent affaire à une corvette dont Charabot eut le bonheur insolent de se débarrasser en moins d'une heure. J'en fus désolé!... J'avais espéré, moi, que nous serions capturés à notre tour! Il y eut encore deux combats dont je m'abstins également, toujours pour ménager ma santé et mieux garder l'incognito. Les autres firent encore une masse de prisonniers. « C'est bon, pensai-je, plus il en viendra, plus tôt je pourrai monter mon coup! »

— Traître! s'écria Scipion, tu devais déserter à l'étranger ou mourir glorieusement pour la république!

— Allons donc !... Te crois-tu au club? Causons en amis, mon cher Émile. Je ne t'ai pas dit qu'à bord de *la Mouraille* on me punissait de ma prudence en m'écrasant de mépris; on me chassait du pont, on m'obligeait à curer la poulaine et à nettoyer le poste de la cale où les Anglais étaient entassés. Je profitai de la circonstance pour me lier avec les prisonniers. Il fut convenu entre nous que je me procurerais adroitement la clef des fers, et que je leur fournirais des armes, après quoi... une belle nuit...

Scipion frissonna d'horreur.

— C'est comme ça, Émile, continua Vincent en haussant les épaules ; tu as tort de t'effaroucher pour si peu. Ma petite combinaison est une bagatelle quand il s'agit de salut particulier. Sous prétexte de salut public, n'envoies-tu pas tous les jours *ad patres* des gens qui valent cent fois mieux que toi ? Et puis, ne te vantes-tu pas d'être un Brutus qui sacrifierait sa propre famille sur l'autel de la patrie ? cela, mon cher Émile, après m'avoir fourni de faux papiers que je conserve précieusement, par parenthèse.

— Le lâche ! il me reproche jusqu'à mes bienfaits !

— Oui, parce qu'ils prouvent que tu ne vaux pas mieux qu'un autre avec les grandes tirades vertueuses. Mais il n'y a pas de plaisir à causer avec toi : tu interromps toujours. Ecoute donc jusqu'au bout, que diable ! Ah ! pardon, j'oubliais que vous avez aboli le diable. Les choses allaient donc le mieux du monde. Les Anglais m'avaient pris en amitié ; car les préjugés internationaux, vois-tu, c'est encore de la plaisanterie. Du reste, j'avais eu le bon esprit de leur dire que j'étais Italien. Bref, nous comptions sur le premier gros temps, qui rendrait la surveillance moins active, quand un damné maître (que je connaissais de longue date tu vas voir) entendit tout, me mit les fers aux pieds et rendit impossible mon ingénieux projet. Il fit son rapport à Décius, qui voulut me brûler la cervelle, le brutal! son lieutenant le retint fort à propos, et me sauva la vie. Fière sottise qu'il fit là! Le lendemain on me donna trente coups de corde. Heureusement, on me laissa ma chemise de toile, et je n'eus garde d'en changer, ainsi que tu penses.

Le commissaire Scipion tressaillit en étouffant un soupir.

Vincent ricana encore, et reprenant enfin son ignoble récit :

— La suite de l'histoire, tout le monde la sait à Marseille ; mais ce qu'on ignore, moi, je l'ai découvert à bord dès le jour du départ, et j'ai beau jeu à mon tour !...

L'accent avec lequel Vincent prononça ces derniers mots était une menace de mort. Scipion garda le silence.

— Apprends donc, ajouta le prétendu Régulus, que le capitaine a sauvé deux suspects. Le premier est un aristocrate, un noble, un lieutenant de l'ancienne marine que j'ai vu mille fois à Toulon. Mieux que ça, c'est un Touranges.

— Un Touranges! répéta le commissaire avec stupeur.

— Oui un Touranges, oui, le fils de celui... d'il y a cinq ans, tu sais ?

Vincent accompagna cette dénonciation d'une affreuse pantomime : il fit le geste d'un homme qui donne un coup de poignard.

— Eh bien ! le capitaine a fait de lui son second, sous le frivole prétexte que cet aristocrate est un ancien officier, capable et brave. Quant à l'autre, c'est un simple matelot qui a déserté l'escadre pour suivre M. Louis de Touranges, auquel il est dévoué jusqu'à la mort. Bien du plaisir !

— La preuve de ce que tu dis ! s'écria Scipion avec douleur. J'espère que tu mens !

— Les preuves ne manquent pas !... Te souviens tu de notre visite à la bastide du capitaine? Pendant que nous y étions, Touranges et son complice s'y trouvaient cachés. La fille de Charabot venait de les recueillir. Ce sont eux qui avaient bu dans les verres que tu remarquas toi-même. J'ai tout appris à bord, je ne dirai point par l'effet de la Providence, puisqu'elle n'existe plus, mais par hasard. On a des oreilles pour écouter, Émile, des yeux pour regarder, une intelligence pour deviner, une mémoire pour retenir, un cœur pour haïr, une volonté pour se venger ! Eh bien ! il faut que tu accuses Décius et que tu me venges de ses mauvais traitements ; accuse sa fille qui a recélé des suspects ; accuse Louis de Touranges, que je hais comme le dernier de sa race, accuse maître Négro, son acolyte, qui, du reste, s'appelle Chrétien de son nom, circonstance singulièrement aggravante par la tolérance qui court.

— C'en est trop ! s'écria Scipion exaspéré. Décius est mon ami ; Touranges l'a préservé de la juste colère du capitaine ; il t'a sauvé la vie ! Hé quoi ! du sang ! du sang ! encore du sang ! ne marcherai-je que dans du sang ! Plût au ciel que tu eusses péri comme tu le méritais ! Et moi-même, que ne t'ai-je dénoncé, il y a quelques mois ! tu aurais expié tous tes crimes d'un seul coup !

— Tu ne le pouvais pas, mon cher Émile. Alors comme aujourd'hui, ton intérêt me répondait de toi. Crois-tu donc que je me serais laissé raccourcir sans parler ? Je te dégradais par mes aveux, et ensuite quel citoyen de Marseille aurait voulu de toi pour commissaire ?

— Tu es mon mauvais génie ! dit Scipion découragé. M'empêcheras-tu donc toujours de remplir mon devoir ? Me forceras-tu toujours à manquer à ma conscience ?

— Des grands mots !... Fais-m'en grâce, Émile ! Ton devoir, c'est ton intérêt ; ta conscience en est la mesure !

— Au nom de Dieu ! s'écria le commissaire, ne te suffit il pas d'être sain et sauf ? que veux-tu donc ?

A l'invocation inusitée du patriote, la physionomie de Vincent devint froidement moqueuse ; mais ce fut avec violence qu'il répliqua :

— Ce que je veux ! tu me le demandes ? Vengeance ! Je suis lâche, dis-le, redis-le, j'en conviens, c'est vrai, je m'en vante ; mais je sais haïr et me venger. Tu faiblis, toi, Brutus de carrefour ! moi je ne faiblis pas ! je n'oublie pas que tous nos malheurs sont venus de l'insolent comte de Touranges, le père de celui-ci. Je n'oublie pas qu'il a brisé mon bonheur, qu'il m'a enlevé la femme que j'aimais, la seule que j'aie jamais aimée, qu'il l'a épousée, quoiqu'il ne l'aimât pas, parce qu'il était riche et puissant. Il m'a insulté ensuite, il t'a insulté toi-même sans réparation, quand nous n'étions que de *vils roturiers*, comme ils disaient alors. Et alors je t'ai entendu le maudire aussi, lui et toute sa race. Depuis ce jour, il est vrai, tu as quitté la Saintonge, toi, le brave des braves ; moi, le lâche, j'y suis resté pour me venger ! Cette femme qui ne m'avait rendu que dédains pour mon amour, cette femme a péri par le poison ; son mari a péri ensuite par le poignard. Eh bien ! je veux que leur fils périsse par l'échafaud ! Je le veux ! Il me faut la tête de Louis de Touranges, dussé-je sacrifier la tienne, et même la mienne, tout lâche que je suis. Oh ! j'ai mon courage aussi, moi !... quand je hais ; je ne m'arrête devant rien ! Ainsi, malheur à toi, citoyen commissaire, si tu refuses de servir ma vengeance !

Scipion recula jusqu'à la table, et saisit convulsivement la paire de pistolets qui s'y trouvait posée, selon l'usage d'une époque où chacun se tenait sur ses gardes.

— Bah ! tu n'oseras pas plus me tuer que me dénoncer, reprit Vincent ; mais je veux que tu m'aides, tu m'aideras !

— Hé quoi ! répondit le commissaire avec effort, ne crains-tu pas d'être reconnu ?

— J'ai tout calculé. On doit croire que j'ai péri dans l'incendie du port de Toulon ; j'ai de faux papiers, dont je suis redevable à ton consciencieux patriotisme ; je suis aujourd'hui le citoyen Régulus de Carcassonne ; mon passeport est parfaitement en règle, ton visa en est la preuve ; je ne risque donc absolument rien. Lorsque j'en aurai fini avec ces corsaires et avec leur capitaine, lorsque j'aurai vu monter dans le tombereau ce Chrétien qui a été successivement mon accusateur, mon juge et mon bourreau à bord de *la Mouraille*, lorsque j'aurai promené sur une pique la tête du dernier des Touranges, alors, mais seulement alors, mon cher Émile, je te débarrasserai de moi. J'irai à Paris. L'endroit est bon par le temps qui court ; j'ai toujours eu envie d'honorer de ma présence la glorieuse capitale de la république et du monde civilisé, le centre des lettres et des beaux-arts, le foyer des lumières, aujourd'hui le lieu de rendez-vous de toutes les vertus primitives. Oui, cher Émile, c'est dans le séjour enchanteur des ris et des grâces que je compte me délasser des fatigues, et goûter enfin le repos qu'assure une conscience sans tache. En résumé, il ne tient qu'à toi de me voir déguerpir dans trois ou quatre jours. Tu as plus peur que moi de me voir découvert. Eh bien ! fais agir promptement la guillotine, dont tu tiens la ficelle, heureux gaillard que tu es !

Après cette horrible raillerie, Vincent s'étendit sur une chaise longue du cabinet, et comme un orateur sûr du succès il attendit.

Il avait tort pourtant de compter sur le concours du commissaire. Malgré le funeste mystère qui semblait enchaîner leurs destinées, il s'exagérait son influence.

Poussé à la tête d'une faction populaire, par une de ces circonstances fortuites que produisent les révolutions, aveuglé par le prestige de son éphémère autorité, Scipion croyait sincèrement accomplir un devoir quand, les armes à la main, il faisait triompher le parti montagnard dans les rues de Marseille. « Le régime actuel improvise des armées pour le salut de la patrie ! » disait-il alors en sabrant de toutes ses forces. La même pensée le rendait terrible au tribunal ou au comité, lorsqu'il croyait avoir affaire à des ennemis de la république. Mais si la passion politique pouvait l'entraîner au delà du juste et du raisonnable, jamais, du moins, quand son opinion le laissait de sang-froid, il n'eût commis une cruauté dans son propre intérêt.

S'il était violent, c'était par faiblesse de caractère ou par indécision.

Dans le grand mouvement révolutionnaire qui l'emporta, il était l'aérolithe qui rencontre la sphère d'attraction d'une planète. Il avait rencontré le sanglant tourbillon de la terreur et gravitait avec lui. Malheur aux ennemis politiques qui se heurtaient au clubiste Scipion ! quant à ses ennemis privés, ils n'avaient rien à craindre.

Les propositions odieuses de Vincent le suffoquaient. De quelques instants, il ne put répondre ; mais enfin il parut avoir pris une résolution énergique :

— Non ! s'écria-t-il, dussé-je être guillotiné à côté de toi, je ne toucherai à Charabot, ni à aucun des siens ! Je suis las d'être complice de tes infamies ! Je t'abandonne ! Va-t'en.

Vincent se leva ; les muscles de son visage se contractèrent, ses yeux ternes roulaient dans leurs orbites, il était devenu livide. Mais avant qu'il eût repris la parole, son accès de rage était comprimé, son masque avait repris l'expression du sarcasme féroce et de la lâcheté vindicative.

On avait frappé deux coups à la porte du cabinet.

Scipion alla ouvrir en ordonnant de nouveau à Vincent de se retirer; mais Vincent se garda bien d'obéir, car il venait de reconnaître dans la personne du citoyen Agricola l'auxiliaire passionné dont il avait besoin.

— Oh! oh! fit-il, ceci s'appelle venir à point nommé.

Le commissaire Scipion s'avoua douloureusement que c'en était fait des secrets de son vieil ami le capitaine Décius Charabot.

V

DÉNONCIATIONS

Depuis le départ de *la Mouraille* pour sa dernière campagne, le citoyen Agricola s'était lancé plus avant que jamais dans la tourmente révolutionnaire.

Doué d'une de ces organisations fougueuses qui préfèrent toujours les partis extrêmes, il avait un jour voulu se faire corsaire pour gagner l'estime du père de Décia. Par jalousie, il renonça subitement à son projet ; il n'avait pas renoncé à son amour. Il rechercha la faveur populaire comme un moyen de s'imposer à la jeune fille ou de se venger de son rival inconnu. Entreprenant, exalté, grossièrement éloquent, intrépide, il ne tarda pas à se faire de nombreux partisans. Comme Scipion l'avait craint, il parvint à conquérir une prépondérance marquée dans les clubs.

Le commissaire, qui n'avait quelque énergie

morale que les jours d'émeute, sur la place publique, fut éclipsé par lui au tribunal et à la commune. Agricola, plus jeune, plus impétueux, plus hardi, le dépassait, le dominait ; de fait, sinon de droit, il était déjà le véritable chef de la section des Piques.

Vincent n'eut pas de peine à s'apercevoir que les rôles avaient changé pendant ses quatre mois d'absence. Un sourire rida ses lèvres ; il regarda Scipion d'un air méprisant.

Agricola, de son côté, reconnut Régulus, et parut hésiter avant de s'expliquer devant lui. Mais bientôt, soit qu'il dédaignât de prendre aucune précaution, soit qu'il pressentît qu'il parlait devant un ennemi de Décius, soit enfin qu'emporté par la passion, il fût incapable de se contenir, il dit à Scipion d'un ton presque impérieux :

— *La Mouraille* vient d'entrer dans le port. Tu sais ce qui m'amène ?

— Je t'ai promis de te réconcilier avec Charabot, je l'essayerai.

— Eh ! que m'importe l'amitié du père si elle ne doit pas m'assurer l'amour de la fille ?

— Son amour ! interrompit Vincent ; tu arrives trop tard, ou trop tôt, citoyen, je sais tout. Tu as un rival.

— C'est faux ! s'écria Scipion en se levant. Viens chez le capitaine ; nous allons nous entendre. Agricola. Fie-t'en à moi, ne fais pas attention aux paroles de cet aventurier. A la bastide, de vaines apparences nous ont trompés sans doute. Le capitaine ne saurait aujourd'hui refuser son consentement à un homme tel que toi. Si mon amitié est impuissante, son intérêt te répond de lui. Allons, collègue, suis-moi, partons, ne perdons pas une minute, profitons du moment où Décius doit être de bonne humeur; viens, je suis prêt.

Le commissaire s'animait d'une manière étrange; Agricola, surpris, se tourna vers Régulus, qui reprit impudemment:

— Je sais tout, te dis-je, et bien d'autres choses encore, citoyen Agricola. L'amour de la fille pour un autre et la répugnance du père pour toi se lient à une machination que j'ai révélée au commissaire tout à l'heure. Par amitié pour le capitaine, qui est compromis, le philanthrophe Scipion voudrait te cacher ma découverte; mais je suis un franc sans-culotte, moi; je parlerai, je ne souffrirai pas qu'on trompe la république. Quant à toi, citoyen, tu feras ton devoir, quoique tu ne sois pas encore commissaire de la section des Piques; mais ça viendra. La vertu trouve toujours sa récompense.

Scipion, réduit au silence, se laissa retomber lourdement dans un fauteuil.

— Tu aimes Décia, continua Régulus en appuyant sur chaque mot. Tu as raison, car elle est encore digne de toi.

Agricola tressaillit ; Régulus ajoutait :

— Elle est encore pure, je te le répète, citoyen, mais tu as un rival...

— Qui donc ? interrompit l'ardent clubiste.

— Un ci-devant, un aristocrate, un Touranges ! Calme-toi, citoyen ; l'amour de la belle Décia pour ce jeune seigneur est un de ceux qu'a peints d'une manière si pastorale le ci-devant chevalier de Florian. De la bucolique première qualité. Or, qu'est-ce qu'un pareil amour dans la vie d'une jeune fille ? un rêve, que peut remplacer un autre rêve. Ton rival est hors la loi. Fais-le disparaître comme une muscade ! Enlevé l'aristocrate, ton bonheur est dans tes mains par la vertu de sainte Guillotine !...

Agricola se sentit transporté tout à la fois de fureur et d'espoir.

— Ah ! elle aime un aristocrate ! s'écria-t-il. Ah ! son père a sauvé des suspects ! Merci, citoyen Régulus ! Voilà donc le mystère dévoilé ! Je sais ce qui me reste à faire. Viens, suis-moi ! Et toi, commissaire, prends garde à ta tête ! Tu protéges les suspects, tu défends les aristocrates ! Tu n'es qu'un faux frère ! Fais un pas, dis un mot en faveur de Charabot, je te traduis à notre barre !

— On connaît mon patriotisme, répondit Scipion bouleversé. Vive la république ! à bas les aristocrates ! Mais vois-tu, citoyen, Décius est si brave! c'est un vieil ami, je ne pouvais croire au rapport de Régulus.

— Soit! reprit Agricola d'un air majestueux, je te pardonne ta faiblesse. Seulement, fais ton devoir au tribunal, car ton erreur, quoique involontaire, entache singulièrement tes vertus civiques.

Scipion n'ignorait pas que la place de commissaire de la section était depuis longtemps convoitée par Agricola. Il s'approcha de Vincent et lui dit à voix basse :

— Tu veux donc me perdre, ingrat?

— Non, répondit celui-ci; cela ne servirait à rien. Je veux nous venger!

Agricola et Régulus sortirent bras dessus bras dessous; le dernier fredonnait d'un air dérisoire, comme pour marquer le pas :

Allons, enfants de la patrie,
Le jour de gloire est arrivé!

Scipion resta seul en proie aux plus cruelles inquiétudes. La présence de Vincent à Marseille, la conduite de Décius et de sa fille, les menaces d'Agricola, l'intérêt que tant de gens avaient à le trouver coupable, par haine ou par rivalité, le tourmentaient horriblement. La terreur l'atteignait à son tour. Il croyait déjà voir le fatal triangle suspendu sur sa tête.

Chemin faisant, Agricola sentit peu à peu le calme rentrer dans son esprit.

Décia, qu'il avait soupçonnée d'avoir une intrigue à l'insu de son père, était donc sans tache. Un sentiment généreux était son seul crime ; en dérobant des proscrits à l'échafaud, elle pouvait bien mériter un châtiment, mais non le mépris. Et d'ailleurs, était-il prouvé qu'elle aimât M. de Touranges ?

Agricola hésitait ; son désir, comme celui de tous les amants, était d'être aimé, non d'être craint. Ne devait-il pas, maintenant, renoncer à la violence, acheter le silence de Régulus, respecter le secret de Charabot, se faire de Scipion un auxiliaire utile, protéger Louis de Touranges au lieu de le frapper, et tâcher de plaire à Décia à force de magnanimité ? Telles étaient les questions qu'il s'adressait tout en se dirigeant vers la commune.

Son compagnon l'examinait avec défiance.

Ayant de mystérieux antécédents à cacher, Vincent comprenait que le rôle de délateur lui servirait d'abri. L'intérêt de sa sécurité coïncidait, par conséquent, avec sa soif de vengeance.

Dénoncer publiquement Louis de Touranges et Chrétien, accuser le capitaine et sa fille d'être leurs complices, compromettre autant qu'il le pourrait les gens de l'équipage de *la Mouraille* qui l'avaient traité en paria, pouvait-il rien faire de mieux ?

Déterminé à n'accepter aucune transaction,

comme s'il eût deviné l'irrésolution d'Agricola, comme s'il eût craint des propositions conciliantes, il se hâta de reprendre la parole pour raviver sa jalousie.

Avec une adresse fatale, il répondait à des objections que l'amoureux de Décia n'osait formuler ; il connaissait assez le capitaine et le lieutenant pour les accabler par ses rapports ; ce qu'il avait appris de Marie, soit à la bastide, soit à bord, lui suffisait pour toucher juste.

Agricola n'était point capable de résister à de semblables attaques ; la violence de son caractère l'emporta. Seulement, il fut convenu que la jeune fille ne serait point accusée.

Régulus se chargea d'espionner Décius et Louis, tandis qu'Agricola se mettrait en mesure de les faire arrêter.

Là-dessus, ce dernier entra résolument à la commune, et Vincent se dirigea vers les quais.

L'équipage de *la Mouraille* descendait à terre ; Louis de Touranges passa le premier ; Régulus vit avec joie que Chrétien ne l'accompagnait pas, et le suivit ensuite de loin, à travers le vieux quartier, jusqu'à la porte du capitaine.

Le lieutenant portait l'élégant costume de corsaire, le large pantalon rayé, la ceinture rouge, la veste à boutons de nacre et le petit chapeau ciré ; un sabre d'abordage pendait à son côté, un petit galon au collet indiquait le rang qu'il occupait à bord. Son air franc et marin et les douces émotions qu'il éprouvait le rendaient bien différent, à cette heure, du fugitif en haillons que Marie avait, quatre mois auparavant, recueilli à la bastide.

Quand il parut et tendit la main à son père, elle ne put réprimer un premier mouvement de joie. Puis elle baissa les yeux en rougissant.

Le jeune officier, profondément ému, n'osait prononcer une parole.

— Eh! eh! mes enfants, dit le capitaine, est-ce ainsi qu'on se revoit? Allons, embrassons-nous! que diable, nous sommes de vieilles connaissances.

Le lieutenant rougit à son tour et déposa un baiser sur le front de Marie.

— Tu m'as fait cadeau d'un vrai brave, Décia; et, ma foi, je veux t'en remercier devant lui. Il n'en a pas l'air, avec sa petite mine de muscadin, mais, saperbleu! c'est un marin fini, un enragé au combat!

Le capitaine se plut ensuite à rappeler, à la louange de son second, les circonstances les plus glorieuses de la campagne, et surtout le moment où il était venu dans le grand canot pour consommer la prise du brig anglais.

Marie, redevenue maîtresse d'elle-même, était fière de ces éloges; pour la première fois, Louis de Touranges était fier aussi de sa belle conduite.

— A demain les affaires et la politique ! disait Décius ; ce soir nous sommes en famille ; et ne te crois pas de trop, lieutenant. Tu me plais, je te garderai à mon bord tant que tu voudras ; à terre, tu auras toujours ta chambre chez moi, comme ton prédécesseur qu'ils m'ont assassiné ! ajouta-t-il tristement.

Cette réflexion éveillait de cruels souvenirs ; Marie jeta sur Louis un regard craintif.

— Je ne risque plus rien, dit l'officier ; le second de Décius ne saurait devenir suspect.

Le corsaire n'exprima sa pensée qu'en demandant brusquement si *la Mouraille* était prête à reprendre la mer.

— Je ne me serais pas permis de descendre à terre avant que tout fût paré à bord, répondit le lieutenant.

— Quoi ! déjà partir ! s'écria vivement la jeune fille.

— Peut-être ! murmura Décius. En tout cas, il est bon d'être en règle : on dort plus tranquille.

L'absence avait été longue, le mot de départ venait d'être prononcé, il retentit douloureusement dans le cœur de Marie.

Louis de Touranges avait lu dans ses yeux. Sans avoir parlé de leurs impressions, sans avoir échangé d'autres paroles qu'une simple et douce causerie qui se prolongea paisiblement jusqu'à la fin de la veillée, ils s'étaient compris, ils le sentaient, et malgré sa rudesse, le vaillant Décius Charabot ne laissait point que de les avoir devinés aussi.

— Va bien ! va bien !... murmura-t-il plus d'une fois. La bordée est bonne ; courons toujours !

Dès qu'elle fut seule dans sa chambre, Marie s'agenouilla pour prier d'un cœur ardent sa sainte patronne de veiller sur son père et sur Louis de Touranges.

VI

LE TOMBEREAU

Le soleil dorait à peine les toits de la ville, Décius et son lieutenant se disposaient à retourner à bord. Mario les accompagna sur le perron. Elle écoutait, les yeux baissés, quelques paroles chaleureuses du jeune officier enhardi par son accueil de la veille; Décius, sans avoir l'air de rien observer, souriait de leur embarras charmant.

— Allons, allons, dit-il enfin, assez de galanterie pour une fois. *Bastante hemos hablado*, comme dit l'Espagnol. A bord! à bord! et à ce soir la suite du conte!

Au même instant, une troupe de sans-culottes conduits par Vincent déboucha dans la rue.

— Au nom de la loi, saisissez-vous de ces hommes! A bas les aristocrates! Désarmez-les, et en route! cria l'émissaire d'Agricola en se tenant prudemment à distance par respect pour les redoutables ceintures des deux corsaires.

Mais la résistance n'était pas moins impossible que la fuite. Décius Charabot se bornait à protester énergiquement ; Louis fit bonne contenance ; quant à Marie, elle pâlit et put à peine se soutenir.

— En route ! répéta Vincent.

— En route ! en route ! Ah ! ça ira ! ça ira ! hurlèrent ses compagnons.

Dès que la bande eut emmené les deux prisonniers, Agricola parut à l'angle de la rue et se précipita sur le perron.

La jeune fille était muette d'horreur ; une sueur glacée couvrait son front ; ses yeux égarés suivaient la direction dans laquelle avaient été emmenés son père et son ami. Tout à coup, comme au sortir d'un songe affreux, elle poussa un cri déchirant et chancela.

Mais Agricola lui prit les mains ; aussitôt elle retrouva toute son énergie, et lui jetant un regard de dédain :

— Arrière, misérable ! dit-elle ; que me veux-tu ?

— Je t'aime ! s'écria-t-il, comme si ce seul mot justifiait tout.

— Et moi, dit la jeune fille, je te hais et te méprise !

En même temps, elle s'élança dans la maison.

Agricola voulut la suivre, la porte s'était refermée.

— Décia! lui cria-t-il, écoute-moi. Consens à devenir ma femme, je puis encore les sauver; je te rends ton père, je fournis à ton... à ton proscrit les moyens de passer à l'étranger. Leur sort dépend de ta réponse.

— Non! répondit la jeune fille. Ni mon père, ni celui que j'aime, entends-tu? ne voudraient devoir leur salut à un monstre tel que toi!

A ces mots, Agricola, n'écoutant que sa fureur, s'éloigna en proférant d'épouvantables menaces, et se rendit à la commune pour presser la mise en jugement.

Cependant le bruit s'était répandu dans la ville que le capitaine Charabot était accusé d'avoir sauvé deux ci-devant.

Le peuple, encore sous l'impression de son enthousiasme de la veille, accourut en foule pour assister à la séance du tribunal révolutionnaire.

Un murmure d'improbation se fit entendre lorsque Décius et son lieutenant comparurent devant leurs juges.

Les rapports d'Agricola, les délations de Vincent étaient accablantes.

Scipion n'osa élever la voix pour ni contre les accusés.

Placé entre le capitaine et Agricola, il évitait les regards du premier et n'osait affronter ceux du second : il n'avait ni assez de force pour défendre l'un, ni assez de faiblesse pour seconder l'autre. Il était là, sur son siége, pâle, les yeux baissés, inquiet. A comparer son attitude tremblante avec celle des accusés, c'étaient eux qu'on aurait pu prendre pour ses juges. Régulus, d'ailleurs, lui commandait, de son regard sinistre, de garder au moins la neutralité.

Louis de Touranges, sur la preuve seule de son identité, fut condamné à mort et reconduit en prison.

Le peuple garda le silence.

Mais quand vint le tour de Décius, quand l'accusateur public conclut contre le brave corsaire à la peine capitale, mille cris formidables éclatèrent, la salle trembla sous les rugissements de la multitude, sous les trépignements des pieds et le bruit des piques.

Le peuple souverain faisait connaître son bon plaisir.

Intimidé par l'attitude menaçante de l'auditoire, le président prononça un acquittement inespéré.

Pour la seconde fois porté en triomphe, le capitaine maudissait les vains honneurs qu'on lui rendait. L'arrêt qui frappait Louis de Touranges semblait l'avoir frappé lui-même. Ce n'était pas seulement un digne lieutenant, c'était un fils qu'il allait perdre, et peut-être le même coup devait-il atteindre sa fille bien-aimée.

Les moindres instants étaient d'un prix incalculable.

Résolu à tout essayer pour sauver Touranges, prêt à opposer la violence à l'injustice, et déterminé s'il le fallait à disputer la victime au bourreau, Décius s'arracha aux transports de la populace. Il courut chez tous ses amis, à l'exception de Scipion, dont il n'avait pu comprendre l'inerte faiblesse ; il fit appel à tous les marins qu'il rencontra ; il se multipliait.

Agricola, de son côté, hâtait l'exécution de la sentence.

L'acquittement imprévu du capitaine avait détruit tous ses plans. Il avait espéré fléchir la fille en lui accordant la grâce de son père ; or, le peuple même avait fait grâce, en ne souffrant pas que son héros de la veille fût condamné le lendemain comme traître à la patrie. Quel que fût le moyen qu'il emploierait plus tard pour triompher de Décia, le terroriste voulait d'abord se débarrasser d'un rival préféré.

Moins de deux heures après, un tombereau, escorté par la force armée et par les plus fougueux sans-culottes, se dirigeait vers la Cannebière, large rue qui était le lieu ordinaire des exécutions.

Louis de Touranges, la tête nue, les bras attachés, se tenait debout, calme, résigné à son sort. A cette époque on avait appris par de grands exemples l'art de mourir, non pas avec grâce, comme le gladiateur, mais avec dignité, comme le martyr.

Les amis de Décius, répandus dans la foule, osaient à peine, malgré leurs promesses, se prononcer en faveur du jeune condamné, en citant ses traits de courage.

Quelques matelots, plus hardis, barraient passage au cortége.

Une rixe ne tarda point à s'engager autour du tombereau.

Aussitôt le capitaine de *la Mouraille*, profitant du tumulte, s'élança sur une borne, et de cette voix retentissante qui à bord commandait le combat et dominait la tempête, il harangua la foule dans le style emphatique des clubs :

— Citoyens, s'écria-t-il en finissant, la mer qui baigne vos murs est le théâtre des exploits du condamné. C'est elle que nous invoquons, comme Manlius Capitolin invoquait le Capitole. Peuple de Marseille, seras-tu moins reconnaissant que celui de Rome ? Rappelle-toi que la famine était à tes portes, et que les corsaires t'ont ramené des convois chargés de vivres. Est-ce donc pour prix de leur patriotisme que tu envoies le plus brave d'entre eux à la guillotine ?

— Grâce ! grâce ! crièrent mille voix.

— Non ! non ! répondit Agricola, à mort l'aristocrate ! Force à la loi !

Les sectionnaires répétaient le cri de leur chef.

Et la fatale charrette avançait toujours.

VII

LES FIANCÉS

Marie, revenue à elle, se mit à prier dès qu'Agricola se fut éloigné de la maison de son père ; puis, comme inspirée d'en haut, elle songea que l'équipage de *la Mouraille* ignorait encore le sort de ses officiers. Sa mission était de l'en instruire. Peut-être trouverait-elle à bord quelque secours inespéré.

Maître Chrétien, assis sur la dunette, où il avait passé la nuit, attendait alors avec inquiétude des nouvelles de terre. Ses craintes augmentaient d'heure en heure; il ne pouvait attribuer le retard de Louis de Touranges qu'à des causes sinistres ; il était tenté de débarquer pour aller voir ce qui se passait; mais la consigne le retenait à bord.

Il avait envoyé à la découverte plusieurs des matelots de service ; aucun ne reparaissait. Le maître frémissait d'impatience. Quelques corsaires avinés regagnaient bien le navire, malheureusement ils n'avaient pas un mot à dire du lieutenant ni du capitaine.

— Parbleu! s'écria maître Carpentras, la belle farce! ils font de leur côté comme les autres chez la citoyenne Peluro; ils s'amusent donc! C'est assez juste, après quatre mois de campagne!

— As-tu été au tribunal révolutionnaire? à la commune? au club? demanda Chrétien.

— Pas si bête! répliqua le canonnier en riant, je viens du cabaret, où les amis sont amarrés à quatre amarres; ils font là-bas un sabbat du diable!

Carpentras parlait encore, quand maître Chrétien reconnut la courageuse Marie qui se dirigeait seule vers le quai.

— Un canot! s'écria-t-il, voici la fille du capitaine.

— Quelle idée! fit Carpentras.

— Embarque! dans le petit canot, vivement! répéta le vieux marin.

A la démarche de Marie il avait tout deviné. Quand il la vit descendre dans l'embarcation, il ordonna à tous les hommes qui lui restaient de se charger de pistolets, de sabres et de haches d'abordage, et en désigna quelques-uns seulement pour garder le brig.

— Ils sont arrêtés? lui demanda Chrétien à voix basse.

— Oui, répondit-elle. Vous le saviez? Qui donc vous l'a appris?

— Moi-même à moi-même, répondit-il; mais ne vous désolez pas, mademoiselle, tout n'est pas perdu. Carpentras, continua-t-il, écoute-moi : tu vas rester à bord ; je te confie la fille du capitaine. Veille sur elle, et tiens-toi paré à appareiller. Que rien ne soit engagé quand nous reviendrons. Et vous autres, suivez-moi; nos officiers sont peut-être condamnés à mort à l'heure qu'il est!

— A terre! crièrent les hommes chargés d'armes.

Chrétien les conduisit droit chez la mère Pelure, où se prolongeait la saturnale nocturne des gens de *la Mouraille*. Après une nuit d'ivresse, leur subordination ordinaire les avait abandonnés; ils oubliaient qu'il était temps de rentrer à bord, et ne songeaient guère plus au navire qu'au Grand-Turc.

Tout à coup la porte cède aux efforts du maître. A sa vue, le silence succède aux danses et aux chansons.

— Notre lieutenant est à la guillotine! s'écrie Chrétien, qui vient de tout apprendre sur le quai; notre capitaine est en danger, nous sommes tous suspects. Voici des armes!

— Aux armes! aux armes!

Hommes et femmes se précipitent vers la Cannebière.

Le torrent se grossissait en roulant ; la population maritime des quais, les équipages des navires amarrés dans le port, se mêlaient aux corsaires de *la Mouraille*.

Quand maître Chrétien et ses camarades arrivèrent enfin, la charrette était déjà parvenue au pied de l'échafaud.

— « Grâce ! A mort ! Justice ! Au secours ! Force à la loi ! » criait la populace ameutée.

Décius reconnut ses braves, les rejoignit et se mit à leur tête.

Agricola, de son côté, fit former la haie par les sans-culottes autour de la guillotine.

Louis de Touranges descendit du tombereau.

A ce spectacle, les corsaires s'élancent avec autant d'impétuosité qu'à l'abordage, entre les bourreaux et la victime.

La hache au poing, ils ouvrent la brèche ; leurs maîtresses échevelées les suivent poussant des cris, frappant, égratignant, renversant les sectionnaires.

Ceux-ci et les soldats résistaient à la baïonnette.

Chrétien et Décius faisaient des prodiges.

Le peuple, d'abord indécis, se prononça enfin pour les corsaires, la charrette fut renversée.

La victoire penchait du côté de Charabot, mais le lieutenant était encore au pouvoir des montagnards, qui opposaient une résistance opiniâtre.

L'alarme était donnée par Vincent dans les quartiers avoisinants; déjà de nouvelles bandes de sans-culottes envahissaient toutes les issues; Agricola encourageait les siens et se rapprochait du condamné, autour duquel le combat devenait furieux.

Le sang ruisselait.

Au milieu des cris de : Vive la république ! également poussés par les deux partis, on distinguait la voix tonnante du capitaine qui répétait : *Mouraille ! Mouraille !*

Les terroristes cédaient du terrain, mais sans abandonner le prisonnier. Enfin, Agricola, transporté de rage et désespérant du succès, était sur le point d'accomplir lui-même la tâche réservée au bourreau. Il allait frapper, lorsque Chrétien lui plongea son sabre dans la gorge.

Les sectionnaires se débandèrent alors. Charabot coupa les liens du prisonnier, un groupe d'amis les entoura.

— Victoire ! criaient les corsaires.

— A bord ! commande leur capitaine.

Et la cohorte libératrice bat en retraite, non sans continuer la lutte contre les sans-culottes, qui se sont ralliés et reviennent à la charge.

La générale appelait aux armes tous les sectionnaires de Marseille.

Déjà les câbles de *la Nouvelle-Mouraille* étaient filés par le bout.

Tous les gens de l'équipage, Décia, le second, le capitaine se trouvaient à bord.

Les voiles gonflées par une jolie brise de nord-est emportaient le navire, qui sortit des passes aux cris de : Vive la république !

Régulus, qui s'était lâchement tenu loin de la mêlée, parvint encore à faire signaler aux batteries de la côte l'ordre de tirer sur le brig pour le forcer à rentrer, mais les signaux semblèrent si absurdes aux commandants des forts qu'ils n'en tinrent aucun compte.

Quand des ordres plus précis arrivèrent, car force était restée aux terroristes, il n'était plus temps : *la Nouvelle-Mouraille* courait de nouveau à la poursuite des ennemis de la France.

Les sans-culottes, pour faire, disaient-ils, un exemple, condamnèrent Décius et ses gens à mort par contumace. Qu'importait la proscription au vaillant équipage ? Ses officiers étaient sauvés, le calme et l'abondance régnaient à bord ; la mer fournit bientôt de belles prises pour ravitailler le navire.

La mer était son champ d'asile et son champ de bataille.

Les amours de Louis et de Marie se déroulaient au milieu des orages et des combats. Ils grandissaient au souffle des brises, au bruit glorieux du canon. Et leur vie, déjà si pleine des accidents de la navigation ou de la guerre, était poétisée par les plus douces rêveries.

Le capitaine souriait à leurs espérances, les appelait ses enfants, et les avait déjà solennellement fiancés.

La croisière de *la Nouvelle-Mouraille* fut une époque de délices pour les deux *promis*, comme disait l'équipage, qui les affectionnait en raison même des dangers affrontés pour les rendre l'un à l'autre.

Chrétien, surtout, ne jetait pas un regard sur l'arrière sans éprouver une généreuse satisfaction ; le bonheur de son officier, c'était le sien ; et quant à la cause de son infatigable dévouement, elle s'explique par deux mots qui résument les plus belles qualités du matelot : piété filiale et reconnaissance. Louis de Touranges avait autrefois secouru la vieille mère de son serviteur.

Tous les soirs, le lieutenant et la jeune fille venaient s'asseoir sur cette dunette qui avait été le théâtre de tant d'événements mémorables.

C'était là que la chaloupe des corsaires avait abordé après la perte de la vieille *Mouraille* ; là, l'intrépide Charabot, avec sa poignée de braves, avait accompli le plus audacieux de ses exploits ; là, le pavillon anglais avait été amené par les corsaires sauvés du naufrage ; là enfin, Chrétien avait passé dans l'attente la longue nuit de terreur après laquelle Marie était montée à bord.

Au même lieu, Louis et Marie murmuraient de tendres paroles d'amour.

Les confidences provoquaient les confidences; les doux aveux suivaient les doux aveux.

Décius Charabot se gardait de troubler les épanchements de ces jeunes et nobles cœurs. Il respectait les mystères de leurs entretiens charmants, plus sérieux que frivoles, attendrissants parfois, toujours chastes et remplis d'une exquise sensibilité.

Marie parlait souvent de son enfance et de sa mère, dont elle ne prononçait jamais le nom sans une émotion qui touchait Louis de Touranges.

— Vous, mon ami, lui demanda-t-elle un jour, vous ne m'avez jamais rien dit de vos parents? Ils sont morts... mais les avez-vous connus, les avez-vous aimés?

Le jeune officier raconta l'histoire de sa jeunesse, qu'un drame horrible avait déjà ensanglantée.

Il était né au château de Mersac, en Saintonge, d'un vieux gentilhomme du plus loyal caractère, et d'une femme dont les vertus égalaient l'angélique beauté.

— Ma pauvre mère, Marie, était comme la vôtre, charitable, pieuse, digne d'être vénérée.

Qui ne l'aimait dans le pays? Et pourtant elle mourut prématurément d'une manière inexplicable, après quelques heures de convulsions effrayantes. Plus tard, j'ai pensé qu'elle avait dû être empoisonnée.

— Dieu! s'écria Marie.

— Je l'ai pensé quand, moins d'un an après, mon père fut frappé par le fer d'un assassin. Un soir de vacances, à mon retour de l'école militaire de Rebais, je le trouvai mourant. Je pris sa main déjà glacée, je la pressai sur mes lèvres, je la couvris de larmes. Il rouvrit les yeux; sa première pensée fut pour moi. — « Mon fils! où est mon fils? demanda-t-il d'une voix défaillante. — Ici, mon père, répondis-je, il prie pour vous. — Dieu soit loué! dit-il alors, le lâche avait menacé d'épier ton arrivée et de te poignarder aussi! »

Le double crime que Vincent avait rappelé au commissaire Scipion avec une jactance cynique fut dans la bouche de Louis de Touranges l'objet d'un récit qui touchait Marie jusqu'aux larmes.

— Les dernières paroles de mon père, ajoutait Louis, furent de graves et prudentes leçons. Il me légua son honneur sans tache, me fit ensuite promettre de prendre pour ma sûreté les plus grandes précautions, et mourut en chrétien, sans avoir pu donner sur son meurtrier aucun indice précis. Je lui fermai les yeux, je suivis sa dépouille mortelle jusqu'au lieu où elle repose à côté de la tombe de ma mère, et je partis enfin avec le deuil dans l'âme pour le port de Rochefort, où m'attendait mon premier ordre d'embarquement. Vous savez le reste, Marie ; vous savez comment le proscrit a dû la vie à votre hospitalité. Si cruel qu'ait été mon sort, je le bénis, puisque je devais un jour vous connaître et vous aimer !

La jeune fille avait à peine rompu le silence, son cœur palpitait d'effroi au sombre récit de son fiancé, plus d'une fois elle leva sur lui ses yeux baignés de larmes ; mais, à la fin, comme inspirée par un affreux pressentiment :

— Et cet homme ! s'écria-t-elle, l'empoisonneur de votre mère, le meurtrier de votre père, vous ne savez qui ce peut être ? il est donc resté inconnu et libre ?... S'il allait vous rencontrer, si même il vous poursuivait, s'il réalisait ses horribles menaces, si sa vengeance... Oh ! mon Dieu !

Et Marie se couvrit le visage de ses mains.

— Rassurez-vous, Marie, reprit le lieutenant, un pareil scélérat doit avoir reçu le châtiment de ses crimes. Et puis, nous avons tant d'autres dangers à courir, que c'est, en vérité, se créer une inquiétude chimérique que de songer à celui-là. A l'heure qu'il est, mon Dieu ! ne sommes-nous pas tous proscrits, car vous aussi vous l'êtes, Marie, et c'est à cause de moi!

Cette réflexion fut suivie d'un court instant de silence, que la jeune fille rompit en disant avec effusion :

— Vous voyez bien, monsieur, que votre existence m'appartient en retour de la mienne, que vous avez si gravement compromise.

Ainsi se prolongeaient chaque soir les tendres entretiens de ces deux fiancés si dignes l'un de l'autre : elle, blonde fille de la mer qui avait balbutié ses prières d'enfance devant l'image de Notre-Dame de la Garde; lui, noble marin, qui n'avait trouvé que sur les flots une trêve à ses douleurs de famille, un abri contre la proscription.

Le ciel étoilé de la Méditerranée versait ses clartés sur leurs têtes, les flots murmuraient le long du bord en les berçant au roulis, et le navire bondissait sous leurs pieds.

Ils se parlaient une langue chaste et harmonieuse, dont le tutoiement était exclu. Lorsque l'expressive familiarité réservée naguère aux cœurs amis était tombée dans le domaine commun, une délicatesse instinctive la leur faisait repousser. Ils conservaient l'ancienne forme aristocratique qui, bannie comme eux, devait leur sembler plus belle, plus pure, plus expressive peut-être.

Cinq mois de croisière s'écoulèrent ainsi comme un seul jour.

Mais le désir de rentrer au port commençait à fermenter dans l'équipage. Les matelots voulaient revoir la France, toucher barre à terre, embrasser leurs parents et leurs femmes.

— Mille noms d'un tonnerre! attention! disait maître Chrétien; avez-vous donc oublié qu'il vente guillotine à Marseille comme à Paris?

— Bah! la brise aura tourné! En tous cas, faut aller voir!

Le capitaine, dès les premiers symptômes de découragement, se rapprocha des côtes et apprit des pêcheurs les grands événements qui venaient de changer la face de la république : le 9 thermidor avait mis fin au régime de la terreur.

— Encore une prise, enfants! s'écria-t-il; encore une prise, et nous allons faire les noces à Marseille.

Selon sa promesse, le corsaire repassa bientôt sous les forts de la rade avec un gros trois-mâts richement chargé à la remorque.

— C'est la corbeille de mariage! disait-il en riant.

La *Nouvelle-Mouraille*, à son entrée dans le port, fut saluée par mille acclamations enthousiastes; la population marseillaise battait des mains; on accueillait avec des transports d'allégresse ces mêmes corsaires qu'on avait failli massacrer autour de la guillotine.

— Après l'orage, le beau temps ! disait maître Carpentras, qui remontait la Cannebière à la tête d'une joyeuse cavalcade.

Les corsaires avaient loué des bidets et revêtu des costumes de carnaval; un orchestre à leurs gages les précédait, ils faisaient chorus, et la populace chantait leurs louanges.

A la vérité, ils dépensaient avec une prodigalité sans égale leurs riches parts de prise et le mois de repos que leur accordait le capitaine, en récompense de leurs hauts faits de terre ou de mer.

Il faudrait un volume pour décrire les farces, les festins et les parties fantasques qui divertirent les braves gens de *la Mourville*.

Ainsi le matelot corsaire,
Après ses campagnes de guerre,
Par de tumultueux ébats
Se délasse de ses combats,
De ses travaux, de sa misère :
Toujours et partout branle-bas!

Ses plaisirs rappellent encore
Les aventures qu'il adore,
Et ses jeux le combat naval.
Son chant est le chant martial.
Qu'il entonne quand il arbore
De la bataille le signal...

. . . .

VIII

LE JOUR DES NOCES

Par un beau jour d'été, l'équipage, en costumes marins, mais de haute fantaisie, était réuni dans la bastide Charabot : c'était le cas de s'amuser ou jamais !

Les braves de *la Mouraille* étaient invités aux noces de leur lieutenant avec la fille de leur capitaine. Ils avaient tous d'énormes bouquets amarrés à leurs vestes de drap fin, des gilets à ramages plus éblouissants que le soleil, des ceintures de soie, des montres, des chaînes d'or, des breloques, des pendants d'oreilles, des cravates et des collets de chemises d'un goût hardi, des bas chinés, des escarpins à boucles d'argent, des cannes incroyables, des plumets ou des panaches. Une infinité de rubans multicolores flottaient aux chapeaux, aux boutonnières, en épaulettes, en sautoir. Rasés de frais, poudrés, frisés, comme des marquis, la queue faite avec art et ornée, bien entendu, d'autres rubans, d'autres bijoux ou même de fleurs artificielles, les corsaires entendaient se montrer dignes de l'honneur qu'on leur faisait.

La joie rayonnait sur leurs mâles figures bronzées par la mer.

Afin de témoigner sa reconnaissance aux sauveurs de son mari, aux compagnons de sa croisière sur la Méditerranée, la jeune et belle mariée les servait elle-même sous la tonnelle. Les terribles inquiétudes qu'elle avait éprouvées étaient loin de sa mémoire. Elle ne pensait qu'à son bonheur.

Après les convulsions dramatiques, les dangers courus en commun, les épisodes sanglants et les scènes horribles qui s'étaient succédé à terre comme à bord sous le régime de la terreur, le banquet fraternel ne pouvait être que plus gai.

Les toasts, les vivats, les souhaits chaleureux, les cris d'allégresse retentissaient sans interruption.

Les poètes et les chanteurs du bord rivalisèrent d'entrain.

Maître Fénélon fut éloquent, maître Carpentras sublime; maître Chrétien fut silencieux; de temps en temps, il passait la paume de la main sur ses yeux, puis il buvait, puis il regardait les nouveaux époux, souriait et murmurait tout bas de touchantes paroles :

— Foi de matelot! on peut mourir sans regrets après un jour comme celui-ci! se disait-il par moments.

Le bonheur présent effaçait toutes les angoisses du passé, toutes les craintes de l'avenir; et si quelque loustic du gaillard d'avant prononça le nom de Régulus, le dénonciateur, il n'éveilla aucune pensée douloureuse.

Pour les matelots, Régulus n'était qu'un lâche, dont les transes excitaient un gros rire, ils le bafouaient de souvenir. Pour la fille de Déclus, pour la femme de Touranges, Régulus n'était plus qu'un ennemi désarmé, vaincu, emporté sans doute par la tourmente révolutionnaire.

Etait-il mort comme le téméraire Agricola, ou avait-il pris la fuite?

Qu'importait le sort de ce misérable?

Plusieurs fois elle rit de bon cœur aux facéties débitées à son propos. Louis en fit autant; seul le capitaine demeura sérieux; il se souvenait que le traître lui avait été chaudement recommandé par Scipion, son vieil ami, dont la perfidie l'attristait :

— C'est un compte à régler, pensait-il avec indignation, mais au diable le souvenir de ces coquins!... Camarades! s'écria-t-il, assez causé! ne parlez plus d'un drôle qui déshonorait le nom français à notre bord!

— Vive le capitaine! A la santé des nouveaux mariés!... répondit l'équipage tout d'une voix.

Il ne fut plus question du prétendu Régulus.

Le misérable, pourtant, était à quelques pas dans l'ombre.

Sa haine implacable, plus puissante que sa lâcheté, veillait au seuil du banquet nuptial.

Après le 9 thermidor, il s'était caché, moins encore pour se soustraire à la réaction que pour attendre en sûreté le retour des corsaires. Depuis qu'ils étaient à Marseille, il les épiait. La fête donnée à la bastide lui parut être l'occasion qu'il guettait depuis si longtemps.

Les nouveaux mariés ne manqueraient pas de reconduire leurs convives; il ferait nuit alors, les sentiers seraient déserts; les murs de clôture étaient faciles à franchir. Il se posta près de la grille du jardin, et de là il entendit plusieurs fois prononcer son propre nom.

— Riez! riez! murmura-t-il avec rage en portant la main aux pistolets qui garnissaient sa ceinture, riez! mon tour viendra.

Enfin les matelots sortirent, Louis et Marie, accompagnés de Chrétien et du capitaine, passèrent ensuite.

Régulus espérait que les nouveaux époux reviendraient seuls, après avoir ramené les corsaires jusqu'à l'entrée de la ville; mais à peu de distance de la bastide, le groupe de famille reçut les adieux des marins et revint sur ses pas. Le capitaine rouvrit la grille.

Vincent voit que l'occasion va lui échapper; n'écoutant que sa fureur, il court sur Louis de Touranges.

Une détonation retentit.

Un homme poussa un cri de douleur.

C'était Chrétien. En entendant armer le pistolet, il n'avait eu que le temps de se jeter entre l'assassin et son officier.

Le malheureux contre-maître tomba baignant dans son sang.

Le capitaine et les corsaires, accourus au bruit, se précipitaient à la poursuite du meurtrier. Louis et Marie restèrent auprès de la victime qu'ils firent transporter à la bastide.

Cependant Régulus, avec l'agilité de la peur, franchissait quelques murs de clôture et disparaissait parmi les oliviers.

Mais l'alarme était donnée dans les bastides voisines, qui s'illuminèrent spontanément; on n'entendait que clameurs furieuses, pas précipités, imprécations et malédictions. Cent hommes étaient à la recherche du brigand, qui fut traqué comme une bête fauve à la lueur des flambeaux.

Enfin un effrayant cri de joie apprit aux jeunes époux que justice allait être faite.

Vincent, blotti dans un fossé, implora d'abord la pitié des corsaires; puis, voyant qu'il n'avait plus de grâce à espérer, il proféra cent blasphèmes ; il se vantait d'avoir assouvi sa vengeance.

— J'ai empoisonné la mère, poignardé le père et frappé le fils d'une balle !...

— Tu te trompes, chien ! ce n'est pas Touranges que tu as tué, dit le capitaine en l'abandonnant à la fureur de l'équipage.

On vit bientôt sur son épaule la flétrissure du bagne.

Vincent dit Régulus était un forçat qui s'était évadé de Toulon à la faveur de l'incendie du port.

Les marins s'éloignèrent de son cadavre avec dégoût.

— Sa tête n'est pas même digne d'être portée au bout d'une pique, dit maître Carpentras en la repoussant du pied.

Une scène moins hideuse, mais non moins triste, se passait à la bastide.

Chrétien, étendu tout sanglant sur un lit improvisé, avait pris la main de Louis de Touranges, et la serrant avec effusion :

— Adieu, mon capitaine, dit-il, je file mon nœud, content, puisque vous voilà heureux et mouillé sur un vrai fond de perles fines. Et vous, madame, ajouta-t-il en s'adressant à Marie, aimez-le bien, toujours, car voyez-vous, c'est un cœur de matelot fieffé, un homme qui a donné du pain à la mère et du courage au fils.

Adieu; mais ne pleurez pas ainsi tous deux : il n'y a pas de bon sens à faire de l'eau par les yeux à cause de moi; mon quart d'en bas est fini : voilà tout. Il paraît que le bon Dieu a besoin là-haut d'un quartier-maître de manœuvre : je me rends à l'appel. Tout ce que je vous demande, mon lieutenant, c'est de penser quelquefois à ce pauvre Chrétien, qui est si heureux de mourir à votre place.

Il n'eut plus la force d'ajouter une parole.

Quand le capitaine, ses marins et un chirurgien que maître Fénélon amenait, rentrèrent à la bastide, les deux jeunes époux pleuraient et priaient auprès du corps du brave contre-maître.

Malgré les principes du temps, les matelots, toujours religieux par tradition et par sentiment, s'agenouillèrent aussi en faisant le signe de la croix.

Une larme roula sur la joue ridée du capitaine Charabot, mais tout à coup la colère prit le dessus chez lui; on le vit sortir brusquement. Il se dirigeait à grands pas vers la demeure de son ancien ami Scipion, l'ex-commissaire de la section des Piques.

Le vieux patriote était bien déchu de sa splendeur passée.

Sa grandeur éphémère avait même pris fin plusieurs mois avant le régime de la terreur.

Après le départ de *la Nouvelle-Mouraille*, il fut,

pour cause de modérantisme, traduit devant le cruel tribunal dont il avait été l'un des membres. On l'accusait surtout, lui homme d'émeute et d'action, de s'être tenu à l'écart le jour où Louis de Touranges avait été arraché au bourreau, et de n'avoir point pris parti pour les sans-culottes contre les corsaires. Grâce aux intrigues du citoyen Régulus, à qui sa qualité de dénonciateur avait valu une certaine influence, Scipion, bien que condamné à mort par ses anciens collègues, fut oublié dans sa prison jusqu'au 9 thermidor. Caché depuis cette époque, il vivait abandonné de tous, dans un affreux galetas où il manquait du strict nécessaire.

— Citoyen! lui dit violemment Charabot en entrant chez lui, j'ai des explications à te demander enfin!

Le révolutionnaire pâlit.

— Mes intentions ont toujours été pures, repondit-il; la terreur ne pouvait durer, mais elle a sauvé la république.

— Ce n'est pas de cela qu'il s'agit, interrompit le corsaire. Laissons de côté la politique. Je ne parle pas de ceux que tu as envoyés à l'échafaud; je ne te parlerai même pas de l'odieuse neutralité que tu as gardé entre mes accusateurs et moi, quoique notre qualité de vieux amis dût t'inspirer autrement. Je te reproche d'avoir indignement abusé de ma confiance.

Car c'est toi qui m'as présenté comme ton protégé, *comme ton ami*, un lâche, un assassin, un forçat !

Scipion garda le silence et rougit.

— Tu es l'ami des forçats, citoyen !... Tu m'en jettes un à mon bord, pour me trahir sur mer, pour me dénoncer à terre, pour assassiner ceux que j'aime !... Qu'as-tu à répondre ? Je suis ton juge maintenant !...

— Prends ma vie si tu veux... j'y tiens moins qu'à mon secret !... répondit Scipion en baissant la tête ; puis, faisant un violent effort : Ce monstre... c'est mon frère !... murmura-t-il.

— Ton frère ! s'écria le capitaine désarmé par cette confidence. Réjouis-toi donc, il est mort... et ton secret meurt avec lui !.. Je te le promets et je te pardonne... Adieu !...

Touché de la magnanimité de son ancien ami, Scipion voulut balbutier un remerciement ; Décius, bouleversé, reprenait le chemin de la bastide.

Quand il arriva, Fénélon et Carpentras le reçurent en lui disant avec joie :

— Le maître n'est pas mort, capitaine ! Le médecin répond de lui...

— Un miracle !... Mais ça se comprend : la terreur, voyez-vous, n'a pas réussi à tuer le bon Dieu !

Charabot, serrant contre son cœur Marie et Louis, s'écria bientôt avec transport :

— Dieu vous protège, mes enfants! Il n'a pas permis que le jour de votre union fût un jour de deuil! Que le nom de Dieu soit béni!

— M'est avis, murmura le maître d'équipage revenu de son long évanouissement, que voici notre capitaine tout aussi bon chrétien que moi.

Et s'adressant ensuite aux jeunes époux :

— Je ne suis pas mort pour vous, cette fois-ci, poursuivit-il ; tant mieux ! je reste paré en cas de besoin...

. . . .

Moins de six semaines après, le fidèle serviteur de Louis de Touranges faisait le quart sous ses ordres à bord de *la Nouvelle-Mouraille*.

LA FOSSE AUX LIONS

I

LE VERGEROUX

Par une belle matinée du mois de mars, 1809, la mère Barberousse hôtesse du Vergeroux, et sa fille Suzette causaient sur le perron de l'auberge. Leur conversation était bien celle de deux femmes dès longtemps familiarisées avec les choses de la navigation. Elles appartenaient par leur naissance, leur parenté, leurs relations, leur entourage, à cette grande famille maritime qui, clouée au rivage, vit de la même vie et rêve les mêmes rêves que les vaillants laboureurs de la mer.

— Quand je me suis levée, disait la jeune fille, j'ai vu le sémaphore qui faisait des signaux ; il nous viendra du monde cet après-midi.

— Je crois plutôt que la division annonçait la position de l'Anglais. Avant la fin du mois, nous apprendrons du nouveau. Tu sais bien que dans quinze jours c'est le dimanche de la Passion ; et cette année, à la Passion, il doit y avoir coup de vent ou coup de canon, comme dit Michel le sorcier.

La jeune fille dissimula un sourire malin.

— Les signaux venaient de terre, reprit-elle, je parierais qu'on demandait un canot à l'amiral, et c'est justement le tour du *Foudroyant*, aujourd'hui.

La mère Barberousse n'ignorait pas qu'il est aisé de voir si le télégraphe marin questionne ou s'il répond.

— Es-tu bien sûre, demanda-t-elle avec intérêt, que ce soit le tour du *Foudroyant?*

— Oui, mère, puisque c'était le *Cassard* avant-hier, et l'*Aquilon* hier toute la journée. Vous savez bien que l'embarcation de service est de chaque bord l'un après l'autre, et que le *Foudroyant* passe après l'*Aquilon*

— C'est ma foi vrai! Rien de tel que d'avoir dix-huit ans, pour se rappeler tout ça juste comme l'or. Dans mon jeune temps aussi, quand Barberousse devait descendre à terre, j'en étais sûre quinze jours à l'avance, murmura la bonne femme.

— Vous pensez donc aussi que Jean-Pierre viendra dans la journée?

L'hôtesse ne répondit pas à sa fille, mais, poursuivant avec tristesse :

— Madame Richemont sera bien contente elle, ce matin ; on viendra lui porter une lettre là, à sa maison de campagne, dit-elle en montrant une jolie habitation voisine à demi-masquée par une avenue de peupliers. Je me souviendrai toute ma vie de ces grandes pages d'écriture qui m'arrivaient du fin fond de l'Inde, jaunes comme du vieux parchemin à gargousses, tant la traversée avait été longue, et dont j'écoutais la lecture, la larme à l'œil. Pauvre cher homme ! Le commandant Richemont, d'abord, ne manque pas l'occasion ; quand il ne peut pas descendre, il prend la plume ; c'est un bon mari, dam ! et un bon officier aussi ; raide, par exemple ; trop dur, comme disait mon défunt. Ils avaient navigué ensemble, ils se connaissaient bien ; ils savaient qu'il y avait bonne tenue dans leurs cœurs à tous deux ; fond solide, pire que du sable fin où une ancre n'aurait jamais chassé !...

Une fois sur ce chapitre, la mère Barberousse ne tarissait plus ; il fallait qu'elle passât en revue tous ses souvenirs conjugaux et maritimes.

Suzette, exposée à un centième récit des campagnes de son père avec le commandant actuel du *Foudroyant*, s'abandonnait à d'autres pensées. L'œil fixé sur la rivière, elle cherchait à découvrir l'embarcation du vaisseau, prêtant l'oreille au vent du nord-ouest qui commençait à souffler, espérant entendre le bruit des avirons.

— La brise et la marée sont pour eux, se disait-elle ; s'ils doivent descendre, ils ne tarderont pas à déboucher de la pointe.

Tout à coup elle interrompit sa mère par une bruyante exclamation ; elle avait aperçu un point noir surmonté d'une haute voile blanche.

L'hôtesse, brusquement arrachée à ses commentaires, donna un coup d'œil au canot qui remontait rapidement la Charente ; puis elle entra dans l'auberge, en appelant à elle les servantes d'un ton de commandement :

Holà ! hé ! allons ! Rosalie, Toinon, Marianne, à moi ! grand feu à la cuisine ! un couvert dans le petit cabinet pour l'aspirant de corvée ; une nappe sur la grande table ! Toi, fais-moi de la soupe à l'oignon, en deux temps ; et toi, va tirer du vin frais, et cueillir de la salade, tu l'éplucheras bien vite ; leste ! leste ! dépêchons-nous ; ils n'ont peut-être qu'un instant à rester à terre.

La jeune fille descendit du perron et s'élança légèrement sur une éminence d'où l'on apercevait encore mieux les mouvements du canot. Il avançait à pas de géant, poussé par la brise qui fraîchissait et par le flux alors dans toute sa force. Suzette ne tarda pas à le reconnaître pour le grand canot du *Foudroyant;* mais la voile cachait les matelots; elle ne voyait distinctement que le père Palanquin, le patron, debout à la barre du gouvernail et tout attentif à bien aborder.

Les divisions navales de Brest et de Rochefort étaient réunies sous les ordres du vice-amiral Allemand, en rade de l'île d'Aix, à l'embouchure de la Charente. La marine impériale, après ses grands revers, venait d'obtenir quelques succès partiels, elle semblait renaître de ses cendres. Le zèle déployé dans nos chantiers de construction, depuis Anvers jusqu'à Venise, semblait pour elle, d'heureux augure; elle espérait pouvoir se renforcer à l'ancre prendre ensuite son essor et balayer les forces anglaises loin de nos côtes. Noble illusion que des événements prochains devaient cruellement démentir!

La flotte de l'île d'Aix se composait de onze vaisseaux de ligne, quatre frégates et quelques bâtiments légers. Une division ennemie, placée en observation sur la rade des Basques, la tenait bloquée. Souvent alors les péniches des deux escadres se rencontraient : une vive fusillade s'engageait; on s'escarmouchait vaillamment, et les choses en restaient là.

Aucun engagement sérieux n'avait eu lieu : l'Angleterre préparait ses brûlots et ses machines infernales.

Les marins des deux nations, toujours en présence, toujours prêts au combat, enduraient les tourments de l'état de siége ; les communications établies entre la division française et le port de Rochefort faisaient la richesse des riverains qui ne parlent point sans regret d'une époque où le commerce local était si florissant. Ils ne se rappellent plus les calamités de la guerre, ils n'en voient que les bénéfices.

Jamais plus grande activité n'avait régné aux bords de la Charente ; le petit village du Vergeroux se ressentait entre autres du mouvement général. Les sinuosités de la rivière, entre ce point et Rochefort, étaient cause que les embarcations des officiers et les canots porteurs d'ordres ne remontaient pas jusqu'au port. On s'arrêtait d'ordinaire à un grand pont de bois qui sert de cale de débarquement.

En moins de vingt minutes, on peut aller par terre jusqu'à la ville, tandis que le trajet par eau est toujours beaucoup plus long, même avec la marée montante.

Le Vergeroux était donc un lieu de relâches perpétuelles qui prit un rapide développement. Les maisons de campagne des environs furent habitées par les familles des capitaines de vaisseau et des autorités de la division ; une foule de boutiques et de cabarets s'agglomérèrent dans le hameau maritime.

Au nombre de ces derniers, on remarquait,

à juste titre, l'auberge de *l'Escadre invisible* dont l'enseigne, était une actualité, chargée en couleur comme la muraille d'un vitrier, confuse à l'égal de certaines marines de nos jours, par conséquent irréprochable. L'artiste avait habilement dissimulé ses vaisseaux et ses frégates sous des nuages bien noirs, de la fumée bien grise, du feu bien rouge, et des lames gigantesques puisées dans un pot de bleu de Prusse. Quelques lambeaux de pavillon, perçant en arc-en-ciel à travers ce fond multicolore, devaient indiquer le sujet du tableau; heureusement on lisait au-dessous en gros caractères : *A l'Escadre invisible, la veuve Barberousse sert à boire et à manger. On loge à pied.* Grâce à l'inscription, le chef-d'œuvre de difficultés vaincues rappelait parfaitement la division légère qui, commandée par Allemand, alors contre-amiral, avait à diverses reprises sillonné les mers avec un bonheur extraordinaire.

Sans être jamais rencontrée par des forces supérieures, sans laisser aucune trace de son passage, elle avait pris et brûlé une infinité de navires de commerce ; fantôme vengeur, elle avait silencieusement promené sa torche enflammée sur l'Océan ; elle était ensuite parvenue à tromper la vigilance des sentinelles de Gibraltar ; elle avait pénétré dans la Méditerranée, rejoint l'escadre de Toulon, aidé à ravitailler Corfou et les îles Ioniennes. Elle avait rendu d'immenses services; mais aussi la tempête était son égide, le gros temps son auxiliaire, l'hiver sa saison. Elle naviguait entre deux eaux.

L'Anglais lui-même l'avait baptisée, elle se glorifiait d'avoir l'ennemi pour parrain. Son nom fantastique fit fortune dans les ports.

Une bonne enseigne est à une taverne ce qu'un titre piquant est à un livre. L'auberge de *l'Escadre invisible* avait d'ailleurs tout ce qu'il faut pour attirer les chalands. Elle était d'un aspect agréable, entourée de verdure, tapissée de treilles, couverte en tuiles rouges et sise à peu de distance du débarcadère. On y entrait par un perron de quelques marches et d'une extrême propreté. Une appétissante odeur, qui s'échappait de la cuisine, la renommée d'un vin généreux et d'un cognac irréprochable, la bonhomie de l'hôtesse, les beaux yeux de Suzette sa fille, que de séductions capables d'arrêter les matelots ! Pourquoi aller chercher en ville ce qu'on trouvait chez la mère Barberousse? Dans aucun cas on n'aurait voulu passer devant la porte sans faire au moins une halte chez la bonne femme :

— Véritable *cœur d'or*, disaient les pratiques la ressource des *raffalés*, toujours disposée à faire crédit à ses enfants, et de plus veuve d'un contre-maître de manœuvre.

A en croire les anciens de la cale, elle avait été des *mieux gréées* et des *mieux taillées* dans sa

jeunesse ; certains d'entre eux en faisaient
même un très grand cas, malgré les quarante
automnes et le majestueux embonpoint qu'elle
traînait à sa remorque. Mais les jeunes gens de
la division lui préféraient, on le conçoit, la jolie
Suzette, fraîche, vive, alerte, rieuse, bonne enfant s'il en fut, et sage en même temps, ce qui
la rendait d'autant plus attrayante.

Suzette avait à peine dix-neuf ans, de longs
cheveux châtains coquettement relevés sous sa
coiffe, des yeux noirs et pétillants, la taille fine,
le pied mignon, l'esprit éveillé, la répartie
prompte. Auprès d'elle la galanterie goudronnée ne se permettait pas de dépasser les bornes
d'une amicale familiarité. Malheur à l'audacieux
qui eût osé aller au-delà ; mille poings plus terribles que les serpents de la fable se seraient
dressés sur sa tête. Les soupirants aux bonnes
grâces de la jeune fille l'emportaient de beaucoup en nombre et en vaillance sur les préten-
dants de Pénélope. N'était gabier de misaine
ou d'artimon, de timonnier, ou de chargeur,
qui n'eût fumé bien des pipes en son honneur
sur le gaillard d'avant ; pas un qui ne se fût
écrié en pensant à elle :

— Quelle chance de louvoyer bord à bord
avec corvette pareille.

Sa douce influence avait converti au mariage
les plus mauvais garnements de l'escadre. Parmi
tant de concurrents empressés, Suzette n'avait

pu s'abstenir de faire un choix. Jean-Pierre, du vaisseau le *Foudroyant*, était son compatriote, le fils d'un vieux pêcheur du pays. Toute petite elle l'avait vu s'embarquer comme mousse ; elle se rappelait avoir pleuré à son départ, et maintenant elle le retrouvait grand, hardi, beau garçon éperdûment amoureux et gabier de grand'hune.

Homme d'élite, il était toujours choisi pour les expéditions hasardeuses ; ingénieux amant, il savait toujours se glisser comme canotier dans les embarcations qui abordaient au Vergeroux. Ses rivaux s'étaient aperçus avec dépit de la prédilection marquée qu'avait pour lui la fille de l'hôtesse, et pourtant ils lui pardonnaient son triomphe : son sobriquet de *Croche-Cœur*, en était la preuve. L'équipage du *Foudroyant* ne le connaissait plus que sous ce surnom ; les chefs même ne l'appelaient plus autrement, et, dans leur bouche, c'était presque un terme d'amitié, car le gabier était zélé, subordonné, discret, plein d'adresse, de courage, d'audace.

Depuis le sévère commandant du vaisseau, M. Richemont, jusqu'au dernier mousse, Rafiau, qui servait les aspirants, tout le monde estimait l'heureux favori de Suzette.

Le canot, gouverné par le Palanquin, s'avançait toujours. Mais la jeune fille avait beau se crever les yeux, elle ne voyait encore que l'estimable patron de la chaloupe, et se demandait avec inquiétude si son ami Jean Pierre se trouvait au nombre des rameurs. Enfin la misaine fut amenée. Du premier coup d'œil, Suzette entrevit Croche-Cœur au banc de l'arrière, mettant à l'eau son lourd aviron pour favoriser l'accostage. Cette évolution, simple en apparence, était fort délicate à cause de la violence du courant.

L'aspirant de service se démenait et semblait prendre des précautions infinies pour bien aborder ; il était facile de voir à ses gestes combien il tenait à ne pas perdre un instant. Le second regard de la jeune fille fut pour lui.

— Ah ! M. Frédéric de Kéravel ; tant mieux ! murmura-t-elle ; c'est un bon enfant, il n'empêchera pas les canotiers de venir chez ma mère.

En ce moment, l'embarcation toucha la rive. Suzette avait été reconnue en même temps par le gabier et par l'aspirant de marine ; le premier lui avait fait de loin un signe d'amitié auquel elle répondit de la main ; le second avait bien observé sur quel tertre elle attendait ; et se retournant vers le patron :

— Amarrez solidement le canot, ne vous éloignez pas de chez la mère Barberousse, et surtout soyons sages. Tu me réponds d'eux, père Palanquin ; dans une heure ou une heure et demie je serai de retour.

— Soyez calme, monsieur de Kéravel, répliqua le patron ; on ne fera pas de bêtises, je suis là pour un coup.

Tranquille sur le compte de ses hommes, Frédéric releva la tête du côté où il avait entrevu la jeune fille ; et mettant son sabre sous le bras se prit à courir de toutes ses forces de manière à la rejoindre.

Croche-Cœur, occupé à arranger les ustensiles du canot, remarqua cette circonstance ; une pensée jalouse traversa son esprit. Elle fut cruellement confirmée quand il vit Suzette reparaître sur une élévation, à côté de l'aspirant, et s'éloigner bientôt dans une direction opposée à celle de l'auberge. Prompt comme l'éclair, il saute à terre et court à son tour, le doute dans le cœur, afin de les observer sans être vu.

Kéravel et la jeune fille avaient dépassé de deux cents pas *l'Escadre invisible.* Ils s'étaient arrêtés à l'extrémité d'une pelouse entourée d'épais buissons, derrière lesquels le gabier se plaça aux aguets.

L'aspirant parlait avec chaleur, mais à voix basse comme s'il eût craint d'être entendu ; sa pantomime expressive paraissait produire un vif effet sur Suzette, qui levait vers lui ses grands yeux noirs en souriant. Plusieurs fois elle fit des signes d'adhésion qui mirent le jeune homme au comble de la joie, tandis que le matelot frémissait de colère. Enfin une convention sembla conclue entre eux ; Frédéric prit la main de la jeune fille, lui donna un objet que le gabier ne put voir, et qu'elle cacha rapidement dans sa poche. Ensuite se tenant encore par la main, ils continuèrent à courir gaîment vers la maison de campagne de madame de Richemont. Jean-Pierre, toujours caché par le taillis, s'élança à leur poursuite ; ils firent une nouvelle halte, et cette fois l'aspirant, transporté de plaisir, déposa un sonore baiser sur le front de Suzette, qui se contenta de repousser ses galanteries en riant aux éclats.

— C'est décidé, n'est-ce pas? disait Frédéric ; mais tu sais, ma belle enfant, que nous n'avons pas une minute à perdre, quoiqu'il soit encore de bonne heure.

— Sûr, bien sûr, je vous le promets de tout mon cœur ; je reviendrais au besoin.

Et après une courte pause :

— L'amour..., ajouta-t-elle d'un ton sérieux en posant un doigt sur ses lèvres qui faisaient une moue charmante ; l'amour... on sait aussi ce que c'est, monsieur l'aspirant.

Il est assez rare que les matelots soient passionnément amoureux ; ils se contentent de faire filer au sentiment dix lieues à l'heure lorsque l'occasion le permet. Jean-Pierre était une exception ; ses instincts généreux ne s'arrêtaient point à l'amitié, à la reconnaissance, à la piété filiale. Son amour pour Suzette n'était pas un caprice. Après ce qu'il venait de voir et d'entendre, une sueur froide le glaça ; il resta un instant immobile, tandis que l'aspirant et la jeune fille se remettaient en marche plus posément en approchant des peupliers. Ils furent bientôt cachés par les murs de l'enclos.

Jean-Pierre désespéré, fit bon marché de toute discipline, sauta hardiment sur le chemin, pressa le pas, et arriva en quelques secondes au point où ils avaient disparu. Plus aucune trace. A sa gauche s'étendait une longue muraille à angle droit, dont la porte rapprochée donnait dans un jardin ; devant lui une grande route ; à sa droite un sentier sinueux et boisé qui conduisait aux faubourgs de Rochefort.

Si le matelot était arrivé un peu plus tôt, il aurait vu Frédéric et Suzette échanger un dernier regard d'intelligence et se séparer. Le premier s'était précipité dans le sentier pour se rendre en toute hâte aux ordres du préfet maritime. La seconde avait levé le loquet de la porte et était entrée dans le jardin d'un pas joyeux, pour remplir une mission dont elle était flattée. Suzette venait de recevoir une confidence. Nul mieux qu'elle ne pouvait servir les projets amoureux du jeune Frédéric de Kéravel.

La fille de l'hôtesse pénétra dans l'habitation en voisine qui en connaît parfaitement les êtres et les usages. Au lieu de se diriger vers les appartements, elle s'enfonça sous une épaisse charmille, où elle ne tarda pas à rencontrer Mademoiselle Joséphine Brissart, nièce du capitaine du *Foudroyant*.

Les deux jeunes filles se connaissaient depuis quelque temps, et même une certaine familiarité qu'autorisent les mœurs de la campagne était déjà établie entre elles. Après les civilités, Suzette tira de sa poche la lettre que Frédéric lui avait remise sur la pelouse :

— Voici ce que M. de Kéravel me charge de porter ici de la part de votre oncle, mademoiselle. Il était bien chagrin, le pauvre jeune homme, de ne pouvoir faire sa commission lui-même ; mais il avait l'ordre d'aller à Rochefort sans perdre une minute. Si vous l'aviez vu, il faisait peine à entendre.

— Et pourquoi? demanda ingénuement Joséphine.

— Pourquoi? répliqua Suzette, que la question mettait plus à son aise, il ne me l'a pas dit précisément, mais cet hiver il vous a rencontrée au bal, et puis il vous a vue aussi chez madame votre tante, du temps que vous demeuriez en ville.

— Je me rappelle, en effet, M. de Kéravel, répondit Joséphine en rougissant ; un joli homme assez grand, un peu brun, n'est-ce pas?

— Et puis aimable, gai, bon enfant, rieur, causeur, un vrai vive la joie!

— Ah! fit Joséphine.

— Ça semble vous étonner.

— Beaucoup. Je l'ai toujours vu froid, réservé silencieux, grave, presque taciturne ; il dansait bien, mais ne disait mot ; je crois d'ailleurs que mon oncle fait grand cas de lui.

— Lui, taciturne! s'écria Suzette à son tour, les hommes de son bord ne disent pas ça. Après tout, mademoiselle, continua la jeune fille en se ravisant, on conçoit que, *devant vous*, ce bon M. Frédéric fût un peu intimidé.

— Je ne suis pourtant pas faite pour effrayer, ce me semble, dit Joséphine en riant.

— Bien au contraire, mademoiselle! Et d'ailleurs les aspirants n'ont peur de rien ; celui-là surtout.

— Alors comment expliques-tu ton histoire? répliqua Joséphine que la conversation amusait.

— Je vois bien que vous voulez rire, mademoiselle ; malheureusement, ou plutôt heureusement, il faut que je retourne bien vite à la maison.

— Qui te presse tant, je te prie? je vais porter cette lettre à ma tante et revenir. Nous causerons amicalement ; tu prendras ton ouvrage, moi le mien.

— Non, mademoiselle ; voyez-vous, mon amoureux est à terre *aussi*, et il ne descend pas tous les jours.

Cette fois, Joséphine baissa les yeux, n'osant insister; Suzette riait sous cape.

— Je voulais vous dire encore, reprit-elle, que M. Frédéric, à son retour de la préfecture, aura peut-être le temps de faire une visite à madame Richemont; mais il est bien embarrassé, il n'ose pas. C'est si drôle, ces aspirants! ils ne reculeraient pas devant une escadre anglaise, ils tremblent auprès de...

— Joséphine se hâta d'interrompre la jolie messagère:

— Je ne puis affirmer qu'une chose, Suzette, c'est que ma tante lui fera certainement un très-bon accueil, s'il ose... se présenter. Ainsi mignonne, je ne te retiens pas.

— Grand merci, mademoiselle, adieu, à demain! dit gaîment la jeune fille en regagnant la porte de l'enclos; et quand elle fut près de sortir, elle dit à demi-voix: Je gagerais bien qu'il viendra, maintenant.

Joséphine fit semblant de n'avoir pas entendu, mais ne retourna plus sous la tonnelle. Elle se plaignait du vent; le rayon de soleil, qui une heure plus tôt lui semblait délicieux, ne suffisait plus pour la réchauffer. Elle prit sa broderie et s'assit à l'angle de la cheminée, en face de madame Richemont, qui lisait la lettre du commandant.

Suzette, enchantée, volait vers l'auberge où les canotiers du *Foudroyant* devaient être réunis ; elle était loin de se douter de ce qui avait eu lieu chez sa mère pendant sa courte absence.

Au brusque départ de Croche-Cœur, le père Palanquin avait juré par mille tonnerres, et puis avait hoché la tête avec bonhomie en murmurant : J'ai eu vingt-cinq ans aussi ; il y a vingt-cinq ans de ça.

Quand le canot fut solidement amarré, les rameurs, précédés du patron, gouvernèrent droit sur le perron de l'*Escadre invisible*. La mère Barberousse était prête à les recevoir : un feu d'enfer pétillait dans la cheminée : la soupe à l'oignon répandait un parfum des plus réjouissants ; la nappe était mise, le vin tiré, la salade épluchée.

— Toujours fidèle au poste, notre hôtesse, dit Palanquin en lui serrant la main à tour de bras.

— Toujours, mon ancien. Ah ça avons-nous du temps devant nous ?

— Pas trop, j'en ai peur ; mais assez, la mère aux amours, pour vous filer dans le pertuis de l'oreille le détail de ce que je vous suis : votre matelot de bâbord, depuis la pomme jusqu'à la quille, vrai comme il n'y a qu'un *Foudroyant*.

— Chut ! fi donc ! monsieur Palanquin, dit en se rengorgeant la suzeraine du lieu :

— Bêtises dans le coin ! foi de quartier-maître et de patron du grand canot, mère Barberousse, je vous ai largué la pure vérité ! Le plomb de sonde de mon cœur a rapporté pour vous fonds d'amourettes.

Ravi de son madrigal maritime, le vieux marin prit joyeusement la taille imposante de la matronne, en fredonnant d'une voix rauque sa romance de prédilection :

> Le noble éclat du diadème
> N'a point ici séduit mon cœur, etc.

— Je vous aime à ma façon, maman Turlutine, ni plus ni moins que Croche-Cœur aime Suzette ; et puis, dites-moi, ça ne vous ennuie-t-il pas d'être veuve ? Je ne tarderai point à passer second maître, et alors...

La physionomie empourprée de la bonne femme avait été rayonnante jusque-là, elle s'était prêtée de fort bonne grâce à la plaisanterie, tandis que les filles d'auberge servaient les canotiers ; mais, au nom du gabier, elle se dégagea brusquement de l'étreinte sentimentale du galant patron.

— Où est passée Suzette ? demanda-t-elle.

— Et Croche-Cœur ? s'écria Palanquin en même temps.

— Rosalie, allez me chercher ma fille en double : ah mais ! par exemple ?

— Vous n'avez donc pas vu Croche-Cœur, mère Barberousse ?

— Ah ! il est à terre, je le pensais bien. Eh bien ! gare à vous mam'zelle. Rosalie, courez donc ! Ma fille, ici, tout de suite !

— Tiens ! tiens ! ça se gâte, disaient les matelots attablés ; il va y avoir du bouillon, le grain monte, range à carguer les perroquets. Le beau malheur, quand Croche-Cœur l'aurait rencontrée !

— Ah ! Croche-Cœur n'a pas paru ici ! criait le patron : je vas le régaler ; attends-moi, coureur ! Nom d'un nom ! Si l'aspirant savait ça ! Chez la mère Barberousse, à l'*Escadre invisible*, et pas dehors, voilà la consigne.

— Défie du grain ! veille ! continuaient les canotiers : le père Palanquin est dans ses belles, il n'y a pas gras !

Tout en devisant ainsi, ils trinquaient à la *perdition des Anglais*.

— Mal-blanchi, dit le patron à son brigadier, c'est à dire au matelot appelé à le remplacer à la barre en cas d'absence, je te défends de laisser sortir personne, avant mon retour ; je vais chercher maître Croche-Cœur.

— C'est bien, père Palanquin, il n'y a pas de danger.

— Marianne, ne les laisse manquer de rien, disait de son côté l'hôtesse à sa servante, je vais chercher Suzette.

— Soyez tranquille, madame, on les soignera.

A l'instant où le quartier-maître ouvrait la porte, on vit entrer Croche-Cœur, pâle, défait, les yeux rouges dans un état d'abattement faisant un contraste complet avec son allure ordinaire.

— D'où arrives-tu, demanda sévèrement le patron.

— Ne m'en parlez pas! dit le gabier en se méprenant, c'est à se chavirer le corps. Je ne reviens plus à terre, c'est fini !

Les mangeurs de soupe à l'oignon laissèrent tomber leurs cuillers avec étonnement.

— As-tu vu ma fille ? s'écria la mère Barberousse.

— Oui et non, c'est à dire que je ne lui ai pas parlé.

— Ah ça ! de quoi tourne-t-il ce matin ? se demandaient les canotiers, on n'y comprend goutte.

Le patron avait un faible pour Jean-Pierre, en le voyant rentrer volontairement et si tôt, il sentit diminuer sa colère ; la douleur évidente du gabier acheva de l'apaiser. D'ailleurs la mère Barberousse s'était précipitée sur Croche-Cœur, elle l'accablait de questions :

— Je vous dis que je ne lui ai pas parlé et qu'elle ne m'a pas vu, la malheureuse ! répondit-il à voix basse.

Et s'approchant de l'oreille de l'hôtesse :

— Elle est avec l'aspirant, voilà.

— Et puis ?

— Et puis ! c'est tout ; répliqua le matelot avec effort.

Il s'était promis de ne parler ni du baiser, ni du cadeau supposé de Frédéric, avant de les avoir reprochés à Suzette en personne. La mère Barberousse, à la sombre déclaration du gabier, partit d'un grand éclat de rire et reprit sa sérénité :

— A table ! les enfants ! Vive la gaîté ! Ceux qui n'ont pas d'argent me paieront avec leurs parts de prise.

Les matelots ne se le firent pas répéter ; vin rouge et vin blanc circulèrent à flots.

Croche-Cœur, accablé, s'était assis à l'écart : ne mangeait ni ne buvait. Nul ne prenait plus garde à lui, car le père Palanquin s'était remis à papillonner autour de l'hôtesse.

En ce moment, Suzette entra légèrement ; sa mère l'arrêta au passage :

— D'où viens-tu ?

— De chez madame Richemont ; monsieur Frédéric était pressé, il m'a remis une lettre pour elle ; je l'ai portée ; j'ai causé un petit moment avec mademoiselle Joséphine, et me voici.

— Je l'avais deviné, dit la mère en souriant.

Suzette se dirigea vers son amoureux ; qui avait suivi ce rapide colloque, et dans son indignation l'avait encore interprété en mauvaise part.

— Eh bien, Jean-Pierre ! qu'as-tu donc aujourd'hui? demanda la jeune fille, pourquoi ne me souhaites-tu pas le bonjour ? Es-tu passé amiral pour faire ton fier comme ça ! c'est aimable de me laisser t'accoster la première.

Le matelot, se contenta de lever sur elle un regard triste.

— Mais tu es malade ? dit vivement Suzette ; comme tu es pâle, mon Dieu ! qu'as-tu donc ?

— J'ai... deux mots à vous dire en particulier, répondit Croche-Cœur qui l'attira brusquement à l'angle opposé de la salle. J'ai... que vous ne m'aimez plus, que vous me trompez, et que je ne reviendrai jamais ici. Comment? vous vous laissez faire la cour par les aspirants, vous acceptez leurs cadeaux et vous n'avez pas honte ! Allez, mademoiselle, je vous ai relevée dans une bonne aire de vent, je vous connais à cette heure ; allez ! faites-vous embrasser par qui vous plaira, excepté par moi, entendez-vous.

Suzette fut au moment de pleurer au ton amer de ces reproches ; mais forte de son innocence, et piquée d'avoir été suivie par le gabier :

— Ah !... fit-elle ironiquement quels sont mes aspirants, s'il te plaît ?

— M. de Kéravel, d'abord.

— Allons!... je suis bien aise de l'apprendre; et après ?

— Ceux qui viennent en corvée les autres jours, sans doute.

— Bien, va toujours. C'est beau, ce que tu dis là ! Pauvre garçon que tu es !

— Mettons qu'il n'y ait que M. de Kéravel. Comptez-vous, par hasard, mademoiselle, passer jamais devant le curé avec lui ?

— Monsieur Frédéric n'a rien de commun avec moi, s'écria Suzette devenue écarlate.

— Je l'ai vu.

— Quoi ? Qu'as-tu vu ? Parle !

— Elle a l'aplomb de le demander ! dit le gabier insistant avec détails. Vous voyez bien, que je sais tout, et que j'ai raison de ne plus vous aimer, moi qui ne suis qu'un pauvre matelot.

L'expression douloureuse de ces derniers mots détermina Suzette à se justifier. Elle l'essaya :

— Premièrement, dit-elle, il ne m'a pas fait de cadeau ; c'est tout bonnement une lettre pour madame Richemont qu'il m'a remise. Ensuite, s'il m'a embrassée, c'est de bonne amitié, à cause qu'il était content de moi ; mais d'ailleurs, ceci n'est plus mon secret et ne te regarde pas.

La jeune fille était trop émue pour ne pas s'échauffer.

— Non, te dis-je, ça ne te regarde pas. Je ne suis pas libre, peut-être, de me laisser embrasser sans ta permission ! Je voudrais bien savoir quel mal il y a ! Nous avons couru ensemble, M. Frédéric et moi ; le beau péché ! Jaloux que vous êtes ! M'est-il défendu de courir, par hasard ? Il m'a parlé d'amour, c'est vrai ; mais si vous aviez eu de meilleures oreilles, monsieur l'espion, vous auriez su que cet amour n'était pas pour moi. Vous faites un joli métier, à présent, au coin des chemins ! Pourtant je vous conseille de mieux le faire une autre fois.

Jean-Pierre, attaqué à son tour, balbutia. Les arguments de la jeune fille le ravissaient. Par un caprice fort excusable, pour le punir d'avoir douté d'elle, elle feignit de se retirer encore fâchée. Le matelot la retint en se confondant en excuses.

Un quart-d'heure après, la paix était faite et bien faite. Croche-Cœur, assis auprès de ses camarades, portait la santé de sa belle, à qui les autres canotiers faisaient des déclarations à perte d'haleine. Elle riait et sautillait autour d'eux, jasant, caquetant, coquetant selon sa coutume, et favorisant toujours d'une répartie, d'un regard ou d'un sourire l'heureux gabier qui triomphait. Il avait déjà tout oublié, sa gaîté lui était revenue ; de temps en temps ses saillies attiraient l'attention du père Palanquin lui-même, encore que celui-ci fût assidûment occupé à courtiser l'imposante hôtesse de l'*Escadre invisible*.

Croche-Cœur venait d'entonner une romance sentimentale, les matelots répétaient le refrain; Palanquin, la mère Barberousse, Suzette et les servantes, tout le monde chantait, lorsque Frédéric ouvrit la porte et entra.

A son aspect, le patron se dressa sur ses longues jambes, tâcha de prendre une attitude militaire, et porta la main à son chapeau de cuir bouilli, comme pour dire : *Présent*.

— Ne vous dérangez pas, fit l'aspirant, nous avons encore deux ou trois heures, peut-être plus, à passer ici.

— Fameux ! s'écrièrent les canotiers.

— Mère Barberousse, à déjeûner dans le cabinet, vivement !

— Tout est paré, monsieur Kéravel; si vous voulez monter ?

L'aspirant avait rapidement fait un signe d'intelligence à Suzette, qui s'empressa de lui rendre compte de son ambassade. Il prit à peine le temps de manger, et redescendit dans la salle commune.

— Père Palanquin, un gendarme viendra dans l'après-midi m'apporter une lettre de la part du préfet maritime. Tu me l'expédieras de suite chez madame Richemont, et aussitôt tu iras avec tout ton monde disposer le canot à appareiller. On m'attendra.

— C'est bien, répondit le patron.

Suzette se mit à la fenêtre pour voir son protégé qui se rendait, en bondissant de joie, à la maison de campagne du commandant. Croche-Cœur avait remarqué de nouveau ce qui s'était passé entre l'aspirant et la jeune fille.

Suzette n'avait pas voulu trahir le secret de Frédéric, elle s'était contentée de l'indiquer à mots couverts. Jean-Pierre n'avait pas su deviner.

Les regards échangés à la dérobée, les chuchottements, les sourires, le tête-à-tête du cabinet, bien qu'il n'eût été que d'une minute, rejetèrent le gabier dans ses perplexités. La pénétration de Suzette fut mise en défaut par la manière dont il se conduisait ; il riait et chantait à gorge déployée, versait à boire à ses camarades, faisait une dépense extraordinaire de compliments, d'amabilité et de galanterie.

L'après-midi s'écoula dans la gaîté la plus folle ; le père Palanquin avait avancé de trente encâblures dans le cœur de la mère Barberousse ; les canotiers juraient que le Vergeroux serait leur dernier lieu de relâche, quand ils auraient obtenu leur congé définitif. On ne songeait plus à l'Anglais ni à la division française, au *Foudroyant* ni au grand canot ; on trinquait, on s'amusait, on déclamait des tirades en style de la cale, on débitait des contes du beaupré, on jouait aux propos interrompus, lorsque le gendarme envoyé par le préfet pénétra dans la grand'salle.

— Monsieur l'aspirant de service, demanda-t-il.

— A votre santé, gendarme, crièrent les matelots.

« Buvons un coup, buvons-en deux,
» A la santé des amoureux ! »

hurla un ténor de la troupe.

Le patron eut besoin de se frotter les yeux avant de répondre :

— Ah ! l'aspirant, M. de Kéravel, là-bas, à la grande barraque jaune de madame la commandante, là où vous voyez deux rangs de peupliers au port d'armes comme des *tourlouroux*. Il m'a chargé de vous indiquer son gisement. A vous de mettre le cap dessus.

Sur ces mots, le vieux marin acheva de se dégriser, et après avoir donné un long coup de sifflet :

— Embarque ! Rallie au pont ! cria-t-il d'une voix de stentor : *Foudroyant*, embarque !

Les canotiers se chargèrent de leurs petits paquets, qui consistaient en provisions et ustensiles pour les camarades du bord ; le père Palanquin fit les plus tendres adieux à la mère Barberousse ; Croche-Cœur prit congé de la jolie Suzette et sortit le premier, mais ne se rendit

pas à l'embarcation. Il pensait bien que l'aspirant reviendrait trouver la jeune fille ; il alla se remettre à l'affût derrière un tronc d'arbre. Ses compagnons passèrent sans le voir. Suzette les avait suivis jusqu'au perron ; d'où, elle cria :
— au revoir.
— Jean-Pierre ; adieu !

Jean-Pierre se garda de répondre : elle supposa qu'il avait été envoyé en avant par le patron, et revint se placer sur cette même éminence, d'où l'on voyait si bien les mouvements de la rivière.

Frédéric ne se fit pas longtemps attendre ; il courait à toutes jambes.

II

LE COUP DE SABRE

Le vent de nord-ouest avait graduellement augmenté, le jour baissait, car le séjour de l'embarcation au Vergeroux s'était prolongé par suite de retards survenus à la préfecture maritime. La marée avait eu le temps d'achever de monter et de descendre entièrement, le flux avait lieu de nouveau ; le grand canot se trouvait donc dans la nécessité de refouler brise et courant contraires, ce qui est d'une extrême difficulté à l'embouchure de la Charente. Mais l'aspirant savait que les plis dont il était chargé avaient une grande importance, il résolut de triompher des obstacles et de regagner la rade le plus promptement possible.

— Je n'ai qu'une minute, dit-il à Suzette ; le service m'appelle, écoute bien, je t'en supplie. J'ai passé une demi-journée avec Joséphine, je n'ai pas su en profiter ; plusieurs tête-à-tête se sont offerts naturellement : pendant le dîner auquel madame Richemont m'a invité, j'étais placé à côté d'elle, je n'ai rien osé lui révéler de ce que je ressens ; mais, tu la vois chaque jour, ma bonne Suzette. Charge-toi de mon bonheur je te devrai plus que la vie.

— Que vous êtes étonnant, monsieur Frédéric ! un joli garçon comme vous, qui avez de l'éducation et qui parlez si bien quand vous voulez, manquer ainsi de courage au bon moment. Ah ! par exemple, Croche-Cœur et les autres ne se gênent pas tant avec moi. Mais vous-même, là, quand vous vous y mettez, vous me faites des petits compliments tout gentils, vous êtes charmant, vos drôleries m'amusent à mourir de rire. Et puis vous êtes sérieux, taciturne, auprès de celle que vous aimez ! Encore si elle était fière ou dédaigneuse, comme il y en a, ça se comprendrait ; mais mademoiselle Joséphine est tout à fait bonne et complaisante. Pourquoi donc avez-vous peur ainsi ?

— C'est vrai, je suis un sot, un franc imbécile, un niais.

— Ah ! monsieur Frédéric !

— C'est plus fort que moi, je n'ose avancer. Je t'en conjure, ma chère amie, viens à mon secours ou je suis perdu.

— Avec plaisir ; seulement permettez-moi de vous gronder.

— Gronde-moi tant que tu voudras, pourvu que tu lui dises que je l'adore.

— Je le lui dirai.

L'aspirant insistait sur les mille choses que Suzette devait apprendre confidentiellement à Joséphine ; et la jeune fille s'y prêtant de bonne grâce, il ne se contint pas plus que le matin :

— Tu es un bijou, parole d'honneur ! s'écria-t-il ; si je n'étais fou de Joséphine comme je le suis, je le serais de toi ; je voudrais te donner la terre, la mer et les poissons par dessus le marché, mais je ne puis que te donner adieu. Adieu donc, ma belle enfant, au revoir !

A ces mots, l'aspirant l'embrassa et voulut se sauver vers le canot, elle le retint.

— Ah ça, monsieur Frédéric, je vous défends de m'embrasser comme ça. Savez-vous que Croche-Cœur vous a vu tantôt ; il m'a fait une scène affreuse.

L'aspirant se prit à rire et s'éloigna.

— Pense à mon amour, répéta-t-il avec chaleur ; si tu veux me rendre le plus heureux des hommes, écris-moi.

— Oui, monsieur Frédéric, c'est convenu, je vous écrirai.

L'aspirant courut alors à l'embarcation, mais avant de tourner dans le chemin qui menait droit au pont, il ne put s'empêcher de jeter un dernier regard d'amoureux sur la demeure de

Joséphine. Cet instant d'extase permit à Croche-Cœur d'arriver à temps, quoiqu'il fût obligé de ramper afin de n'être pas aperçu.

Le gabier, de derrière son tronc d'arbre, n'avait encore saisi que des lambeaux de conversation ; mais il avait malheureusement entendu les mots d'amour si souvent répétés, les témoignages d'amitié de Suzette, les compliments échangés de part et d'autre, enfin son propre nom mêlé à tout cela comme une dérision. Rien de ce qui devait compléter son erreur ne lui avait échappé, ni le second baiser, ni la promesse positive d'un *je ne sais quoi* que la jalousie interprétait, ni la lettre finale accordée avec hésitation comme une faveur.

— Elle a pu me tromper une fois, dit-il, elle ne me trompera pas deux. Ah ! Suzette, que je revienne à terre, je dirai tout. La mère Barberousse connaîtra votre conduite. Quant à l'aspirant, qu'il veille à lui, je me vengerai.

— Eh ! bien, coureur, d'où arrives-tu ? Toujours à la traîne, dit le père Palanquin à Croche-Cœur. Un autre jour je ne te prendrai plus dans mon canot : tu n'es pas de son armement; et pour me remercier, tu risques deux fois dans une corvée de me faire punir.

Les arrière-pensées du gabier lui suscitèrent une réponse qu'il n'eût pas faite en tout autre occasion :

— Dam, père Palanquin, je ne voyais pas le

grand besoin de se presser, puisque nous serons encore ici demain matin.

— Plaît-il ?

— Avec cette brise du nord-ouest et ce flot de foudre, il n'y a pas de danger que nous gagnions le bord. Allez, la mère Barberousse vous reverra tout à l'heure, bien sûr !

L'aspirant descendit dans le canot, s'enveloppa dans son manteau et commanda :

— Pousse au large !

— Pousse ! répéta le patron.

Les rameurs se courbèrent sur les avirons. Pendant quelque temps, on côtoya la rive, à l'abri des terres et à l'aide du contre-courant. Frédéric repassait dans sa mémoire les épisodes de la journée. Suzette lui avait donné bonne espérance, elle lui avait dit quel intérêt Joséphine paraissait prendre à lui ; madame Richemont, d'un autre côté, l'avait parfaitement accueilli ; plusieurs fois elle avait laissé sa nièce faire seule les honneurs du salon ; après le dîner, il avait offert le bras à la jeune fille pour la promenade dans le jardin, et avait au moins causé un peu, bien que le courage lui eût manqué pour faire allusion à son amour, mais elle lui avait souri plusieurs fois. La dernière promesse de Suzette achevait de le rendre heureux. Depuis plus de six mois, mademoiselle Brissart était l'unique objet des pensées de l'aspirant : Pour l'entrevoir il aurait bravé mille périls, il eût même affronté la colère de son capitaine dont la sévérité était proverbiale dans la division.

Tandis que Frédéric s'abandonnait à ses pensées, Palanquin, la barre du gouvernail en main, se demandait s'il était bien urgent de retourner à bord par un aussi mauvais temps ; Croche-Cœur méditait le moyen de se venger ; les canotiers disaient : — C'est dommage d'avoir été forcés de partir, nous étions si bien en train ! N'eût-il pas mieux valu passer la nuit à l'*Escadre invisible* que dans ce grand canot de malheur ? Quelques-uns plaisantaient ; la plupart répétaient qu'on ne pourrait jamais étaler le courant, et qu'après avoir bien trimé, il faudrait revenir au Vergeroux.

Le gabier comprit avec joie que son projet fermentait chez ses camarades ; sa réponse au patron avait de l'écho. Il remarqua en même temps qu'après la pointe voisine, les terres ne s'opposeraient plus à l'action du vent, et que le courant serait dans toute sa force.

Cependant le soleil était couché, un pâle crépuscule durait encore, des nuages blanchâtres déchirés en bandes transversales sillonnaient le ciel, la lune apparaissait par intervalles dans des flaques d'un bleu foncé, les lames tumultueuses de la rivière étaient courtes et dures, le canot fatiguait horriblement.

Tout à coup, on déboucha du petit promontoire que Croche-Cœur attendait et que les riverains appellent la Pointe-Sans-Fin ; une violente rafale siffla au-dessus des rameurs, de larges paquets d'eau tombèrent à bord. Quelques murmures se firent entendre sur les bancs de l'avant ; Frédéric seul ne s'aperçut de rien.

Un quart d'heure s'écoula encore en lutte presque inutile contre le vent et la marée, les canotiers fatigués faisaient signe au patron de ne point gouverner en route, eux-mêmes ne pesaient plus sur les avirons ; l'embarcation, abandonnée ainsi à des puissances contraires, recula promptement jusqu'à l'abri de la hauteur ; la violence du nord-ouest ne se fit pas sentir.

Cette circonstance rappela Frédéric à lui. Les instincts du marin n'avaient pas été blessés tout à l'heure par l'accroissement subit de la brise, ils l'étaient par sa diminution instantanée. Il sortit de sa léthargie amoureuse, comme un homme endormi que la cessation d'un grand bruit éveille en sursaut.

— Holà ! patron, où sommes-nous ?

— Derrière la Pointe-sans-Fin ; nous l'avions doublée tout à l'heure, et voici que nous culons.

— Retournons au Vergeroux ; à terre ! dirent les matelots.

— Ah ! ah ! qu'est-ce que c'est, s'écria Frédérie, avant ! nage un bon coup ! souquez les avirons !

— On est éreinté, murmura Croche-Cœur, et tout ça pour rien.

— Ce n'est pas l'embarras, ajouta Palanquin, voici deux heures qu'ils s'échinent ; nous n'avons pas fait trois quarts de lieues.

— On nagera ! j'en réponds, s'écria l'aspirant en se débarrassant de son manteau ; toi, Palanquin, gouverne droit !

— Oui, monsieur.

— Avant ! vous dis-je.

— De sourds murmures circulaient de bouche en bouche ; d'une part, trois ou quatre heures de nage au moins, par un temps affreux, car la brise fraîchissait toujours, la température devenait glaciale, les lames balayées retombaient sur les canotiers en pluie fine et pénétrante ; de l'autre, les douceurs de l'auberge : bon feu, bonne table, bon vin, agréables visages d'hôtesses, bon lit au besoin ; l'alternative n'était pas douteuse.

— Ne nageons plus ! dit une voix.

— Hein ? fit sévèrement Frédéric.

— Ne nageons plus ! se disaient tout bas les canotiers.

— Bon ! bon ! pensait Croche-Cœur, en excitant ses camarades à la résistance.

— Silence ! et avant partout ! Gouverne comme il faut, Palanquin.

Le patron avait pu favoriser le désir de ses camarades par quelques faux coups de barre, et contribuer ainsi au prompt recul du canot; mais à présent l'émeute grondait, il était déterminé à seconder l'aspirant de toutes ses forces.

— Allons, enfants, c'est un coup de collier à donner. Voyons! ne perdons pas courage, dit-il.

— Oh! hé! on voit bien qu'il ne nage pas, le vieux chameau, dire confusément les canotiers.

Ils se donnaient des coups de coude, et se répétaient à l'oreille les uns aux autres :

— Levons rame !

Frédéric, voyant qu'on ne doublait pas la pointe, bondissait de colère; deux fois il arracha la barre des mains de Palanquin en lui disant :

— Fais-les nager !

Deux fois il lui rendit la direction du gouvernail en s'élançant du côté des matelots. Tout à coup ils levèrent leurs avirons horizontalement, le vent et la marée agirent seuls sur le canot qui dériva avec vitesse.

— Laissons-les en travers dans l'eau, disaient quelques voix; le courant prendra dessus; nous rallierons plus vite le Vergeroux.

— Mâtons-les en l'air, ils feront voile au vent, nous culerons comme la foudre.

— Ah ! ah ! reprit Frédéric, on ne nage plus ! à mon tour donc !

Il tira son sabre et commanda : NAGEZ.

Des rires ironiques retentirent à l'avant ; les uns laissèrent traîner leurs pelles, les autres les dressèrent perpendiculairement ; Croche-Cœur fut de ces derniers.

— Monsieur, dit Palanquin, les ferrures du gouvernail sont ébranlées, laissons arriver.

— Non !

Une lame embarqua dans le canot qui, n'ayant plus de vitesse propre, présenta la joue au courant.

— Vous nagerez, ou nous coulerons ! Comment ! on peut se battre cette nuit, et vous voulez retourner à terre !

— Blague d'aspirant, répondit une voix moqueuse.

Rien n'était plus vrai, cependant. Frédéric supposait que les dépêches dont il était porteur ordonneraient ou permettraient à l'amiral de livrer combat. Il savait, du reste, que les Anglais faisaient de leur côté des préparatifs d'attaque ; enfin sa corvée était de retourner directement à bord, il voulait s'en acquitter à tout prix.

La rébellion avait subitement atteint des proportions menaçantes ; sous l'influence des libations de la journée, les hommes les plus calmes d'ordinaire prenaient parti pour les révoltés ; le gabier, que la jalousie aveuglait, donnait l'exemple.

En moins de temps qu'il n'en faut pour le dire, le jeune homme eut pris sa résolution. Il tira son sabre et s'adressant au premier rameur de l'arrière ; c'était Croche-Cœur :

— Chef de nage, dit-il, je t'ordonne de nager.

Personnellement sommé d'obéir, le matelot était passible d'un conseil de guerre s'il n'exécutait pas l'ordre de l'aspirant. Mais, s'il se soumettait, chacun de ses compagnons, interpellé de la même manière, se soumettrait aussi :

— Non ! dit-il.

Ce refus formel, en temps de guerre, au moment d'une sédition, entraînait la peine de mort. Le gabier le savait ; que lui importait la vie ; Suzette ne l'aimait plus, et M. Kéravel était son rival. Transporté, hors de lui :

— Vengeance ! cria-t-il en ébranlant sa lourde rame qu'il dirigea sur Frédéric, de manière à le frapper obliquement et à le jeter à la rivière.

Un rayon de lune qui passait à travers les nuages permit à Palanquin de voir le mouvement ; il abandonna la barre et para le coup d'aviron.

L'aspirant leva son sabre. D'un geste rapide, il frappa Croche-Cœur au défaut de l'épaule ;

des flots de sang s'échappèrent de la blessure.

Un silence d'une seconde suivit. Frédéric commanda :

— Nagez, vous autres ! avant tout !

Une lame épouvantable tomba dans le canot en ce moment, et un cri d'horreur s'échappa de toutes les bouches.

— Les lâches, ils me laissent assassiner ! vociférait Croche-Cœur en accablant l'aspirant des plus grossières injures.

Les avirons étaient à la mer. Palanquin avait repris la barre ; Frédéric, le sabre en main et violemment ému, n'entendit pas d'abord les insultes du gabier baigné dans son sang.

Un silence profond ne tarda pas à régner de nouveau. Croche-Cœur, furieux, se releva. Il avait été grièvement blessé ; mais il ne prétendait pas céder si tôt :

— Tu peux me faire fusiller ! je veux me venger d'abord. Ah ! tu fais la cour à Suzette ! elle t'aime ! tu l'embrasses ! Meurs ! assassin !

En proférant ces menaces, le gabier relevait sa rame du bras qui lui restait, il n'eut le temps ni la force d'en faire usage ; Frédéric dédaigna même d'user de nouveau de son arme, car la discipline était rétablie.

— Palanquin, fais-le amarrer sous les bancs, et qu'on lui mette un bâillon, dit-il en prenant la barre du gouvernail.

La lutte ne fut pas longue; en moins de trois minutes, Jean-Pierre se trouva garroté et bâillonné.

— Avant! souquez ferme! rattrapons le temps perdu, commanda Frédéric avec calme.

Palanquin arma l'aviron du blessé; l'on doubla bientôt la Pointe-Sans-Fin pour la dernière fois.

Une consternation muette avait remplacé les causeries; Frédéric songeait à ce qu'il devait faire. Les canotiers, rentrés dans la subordination, tremblaient des conséquences de leur faute; et, comme pour la racheter, ils ramaient avec une vigueur incroyable; chacun d'eux examinait sa conscience, tous étaient effrayés du sort qui menaçait Croche-Cœur.

Lorsqu'on approcha de la rade, le patron n'y put tenir; il rentra son aviron et s'approcha de l'aspirant.

— Ne le perdez pas, monsieur Frédéric, dit-il d'une voix émue; si vous saviez comme c'est un bon matelot!

— A votre rame, Palanquin, et avant partout! répondit le jeune homme.

— C'est que, voyez-vous, ce serait mon fils que je ne l'aimerais davantage; un bon cœur, un garçon solide qui n'a jamais manqué une seule autre fois. Auriez-vous bien le courage de le faire fusiller!

— A votre banc! vous dis-je! et silence!

Le vieux patron se tut, mais ne put contenir ses larmes. Frédéric l'entendit plusieurs fois sangloter à son poste de nage.

En entrant dans la baie, le grand canot rencontra une chaloupe de ronde ; l'aspirant répondit au *qui vive !* par le nom de son vaisseau, échangea le mot d'ordre avec l'officier, et le canot se dirigea sur le *Foudroyant*. Des fanaux hissés en tête des mats indiquaient la position des navires de la division ; le cri : *Bon quart !* était renvoyé par les factionnaires de chaque bâtiment, et répété depuis la tête jusqu'à la queue de la ligne. Une heure du matin venait de tinter.

Toutes les fois que le grand canot passait le long d'un vaisseau, le porte-voix de veille faisait entendre la formule réglementaire :

— Ho ! de la chaloupe !

Frédéric répondait :

— *Foudroyant !*

Lorsqu'on fut par le travers du *Gassard*, mouillé à côté du vaisseau du commandant Richemont, le patron se jeta aux pieds de l'aspirant :

— Grâce ! ne le dénoncez pas, monsieur de Kéravel ; dites que c'est moi qui lui ai donné ce coup de sabre à terre, étant ivre, personne ne vous démentira, et si l'on fusille le vieux Palanquin, il vous en sera reconnaissant. J'ai fini mon temps ; je suis une carcasse démâtée plus bonne à pas grand'chose ; mais Croche-Cœur, lui, c'est un jeune homme, un bon sujet, vous le savez bien : il n'a pas su ce qu'il faisait. Un enfant que j'ai tenu sur mes genoux comme il venait de naître ; son père et moi, nous étions les deux doigts de la main, la vergue et le raban, deux amis, deux matelots fieffés ; il me l'a laissé à ma garde en mourant, à bord de la *Montagne*, dans un combat. Voyez-vous, c'est mon fils, plus que mon fils. Voici douze ans qu'il navigue dans mes eaux ; ne le tuez pas, monsieur de Kéravel, ne tuez pas mon pauvre mousse !

— Tous les canotiers sont coupables, excepté vous, Palanquin ; vous ne sauriez être puni même légèrement.

— Faites-moi fusiller ! Mon Dieu ! prenez pitié de mon enfant ! Grâce ! monsieur, au nom de votre mère.

— Silence ! dit l'aspirant ; à la barre, Palanquin !

— Pitié ! répéta lamentablement le patron en se rendant à son nouveau poste.

— Attention à gouverner ! prenez du tour pour accoster ; pas un mot de plus.

— Ho ! de la chaloupe ! héla tout à coup la sentinelle du *Foudroyant*.

Cette voix lugubre, qui retentissait au milieu de la nuit par le temps sombre et la brise stridente qui soufflait, fit à Palanquin l'effet d'un glas funèbre.

— Monsieur ! monsieur !... murmura-t-il encore d'une voix étouffée.

— Silence !

L'on accosta.

— Vous allez introduire Croche-Cœur par le sabord de la batterie basse, vous le porterez tout de suite au poste des blessés, et vous éveillerez l'infirmier... Pas un mot, patron, vous dis-je.

Cette dernière scène avait porté à l'extrême la terreur des canotiers. Le bruit courait dans l'escadre que l'amiral tenait à faire un exemple contre les actes d'indiscipline qui se renouvelaient trop fréquemment, surtout dans les corvées isolées. A l'exception de Palanquin, les matelots étaient tous compromis ; l'air froid et réservé de Frédéric leur semblait d'affreux augure :

— Il était donc bien irrité, pensaient-ils, puisque son acte de violence n'avait pu calmer sa colère. Lui d'habitude assez communicatif, et toujours disposé à traiter familièrement les anciens de la cale, avait impitoyablement rendu muet l'honnête père Palanquin ; il ne le tutoyait plus.

Quand il monta à bord, un soupir douloureux s'échappa de toutes les poitrines ; le jeune homme ne daigna pas tourner la tête.

— Nous sommes perdus, s'écria le patron en faisant démarrer et débâillonner Croche-Cœur, qui seul ne se repentait pas encore de sa faute.

— Pourquoi m'as-tu arrêté? disait-il à Palanquin qui pleurait ; le brigand n'irait pas faire un rapport contre vous, je serais seul coupable de tout, je serais vengé. Suzette m'a trahi pour lui, je le sais, je l'ai vu.

— Tu meurs pour une fille, Jean-Pierre, et tu n'as pas songé à moi, ton second père, que tu abandonnes !

Croche-Cœur serra la main du vieux matelot et ne répondit pas.

Cependant Frédéric était descendu chez le commandant Richemont. Un autre canot fut immédiatement expédié à l'amiral Allemand, pour lui remettre les dépêches de la préfecture maritime.

Le lendemain, à neuf heures du matin, le commandant Richemont faisait comparaître devant lui Frédéric de Kéravel. Le mécontentement de l'officier supérieur se lisait sur sa figure, sa voix était rude et brève. Quoique ses paroles ne sortissent pas des bornes d'une politesse rigoureuse, elles étaient dures et blessantes.

M. Richemont était d'une école bien opposée à celle de l'amiral Allemand ; il n'adressait jamais à ses officiers un reproche indécent ou même de mauvais goût ; il n'était pas homme à lever la main sur eux, comme cet indigne officier général.

Lorsque Frédéric entra dans sa chambre :

— Je vous ai adressé des éloges cette nuit, lui dit-il, pour votre retour à bord malgré vent et marée. Je ne savais pas alors, monsieur, que vous me cachiez un fait dont je tiens à avoir l'explication.

L'aspirant ne répondit rien ; le commandant poursuivit :

— Un de vos hommes a reçu un coup de sabre ; il dit que c'est vous qui le lui avez donné ; le chirurgien-major, dans son rapport du matin, me l'a appris. Il était de votre devoir de m'en rendre compte dès votre retour à bord.

— Je vous ai exactement rendu compte de ma corvée, commandant ; je vous ai dit que les dépêches ayant été retardées à la préfecture, je n'ai pu pousser qu'avec le commencement du flot, que le vent de...

— Bien ! bien ! monsieur, je sais tout cela ; mais ce coup de sabre ?

— Rien de semblable n'est venu à ma connaissance.

— Vous jouez-vous de moi ?

— Non, commandant ; et pour vous le prouver, puisque nous sommes seuls, et que personne ne peut m'entendre, dit l'aspirant en jetant un regard rapide autour de lui, je vais tout dire, sous le sceau du secret, à *M. Richemont*.

— Monsieur, interrompit le capitaine de vaisseau, pas de demi-confidences, nous sommes en service.

— Il suffit, commandant; je ne sais rien.

— Parlez, je l'exige.

— Je ne parlerai qu'à M. Richemont, quoi qu'il puisse arriver.

La colère du commandant augmentait en raison de l'étrange sang-froid de l'aspirant. Ses yeux lançaient des éclairs, il trépignait d'impatience. Frédéric ne lui laissa pas le temps de faire explosion, il continua en baissant la voix et avec volubilité :

— Mes hommes se sont révoltés; je me suis vu forcé de frapper le chef de nage, tout est rentré dans l'ordre aussitôt; mais je trouve Croche-Cœur assez puni et, je le déclare, je ne ferai de rapport contre lui ni contre aucun autre.

— Vous en ferez un, monsieur s'écria le commandant.

Avec la fermeté d'un homme qui a pris une résolution inébranlable Frédéric répliqua :

— Ce serait la mort du principal coupable, des peines infamantes pour les autres; je ne ferai pas de rapport.

— Votre devoir le commande, et je vous l'ordonne.

— J'ai l'honneur de répéter à mon commandant, dit Frédéric, reprenant sa voix ordinaire, que ce coup de sabre n'est pas venu à ma connaissance : Croche-Cœur ne peut l'avoir reçu qu'à bord, après le retour du grand canot, où tout s'est parfaitement passé malgré le mauvais temps. Je n'aurai pas d'autre réponse à faire au conseil d'enquête, si l'on en convoque un à ce sujet.

Après cette déclaration, l'aspirant attendit.

Le capitaine de vaisseau se promenait à grands pas dans la galerie ; cinq minutes s'écoulèrent de la sorte.

— Je comprends, s'écria le commandant s'arrêtant tout à coup. Vous voulez faire de la générosité, de la popularité peut-être aux dépens de la discipline. Il n'en sera rien ; je saurai vous contraindre à m'adresser un rapport écrit. Le conseil jugera les coupables, et périsse le chef de la sédition, s'il le faut ! Je ne sais point transiger avec le devoir, moi ! Dans une heure, monsieur, je compte sur votre pièce d'accusation ; allez.

Frédéric ne bougea point.

— Je vous jetterai à la Fosse-aux-Lions ; vous y garderez les arrêts indéfiniment, dussiez-vous mourir à la peine. Un aspirant ! braver mes ordres et ceux de l'amiral !... Un aspirant, se refuser à obéir aux dépêches ministérielles, à la volonté expresse de l'empereur ! Un petit aspirant !... Allons, allons, mon ami, vous ferez votre rapport.

Le jeune homme, pâle de colère, se contenta de hocher la tête.

Le commandant changea de ton, et d'une voix posée :

— Prenez-y garde, monsieur de Kéravel, votre avenir militaire est compromis ; je puis vous traduire vous-même devant un conseil martial : vos hommes vous trahiront, vous serez cassé, condamné à mort, peut-être. Songez que nous sommes devant l'ennemi, songez que votre dénégation légalement prouvée est à la fois une faute de lèse-discipline, qui vous place dans la position de chef de complot, et un refus formel d'obéir ; car je vous ordonne de nouveau, au nom de la loi et de l'empereur, de m'adresser une plainte par écrit.

— Je sais tout cela, commandant ; mais puis-je faire un rapport lorsque je n'ai rien vu ? Rien d'extraordinaire, je le déclare officiellement, ne s'est passé dans le grand canot ; le blessé a fait un mensonge qui m'est nuisible ; mais...

— Assez ! rendez-vous immédiatement à la Fosse-aux-Lions.

Frédéric salua sans affectation ; M. Richemont lui rendit son salut d'un air sec.

La chambre commune, ou poste des aspirants, à bord du vaisseau le *Foudroyant*, était située dans la Sainte-Barbe, à la partie arrière de la batterie basse. Ce fut là que l'aspirant se dirigea d'abord. Ses camarades étaient tous sur le pont. Rafiau le mousse achevait d'ôter le couvert du déjeûner et de balayer. Frédéric l'appela.

— Tu vas porter mon pliant, ma flûte et ces livres à la Fosse-aux-Lions, et aussitôt tu monteras dire à M. de Guimorvan de venir m'y voir, sans perdre une minute. Marche, trotte, cours vivement.

Le petit garçon s'empressa d'exécuter ces ordres ; déjà des bruits étranges s'étaient répandus : les anciens l'avaient interrogé il n'avait pu répondre : il se promit bien de savoir au juste ce qui s'était passé. Aussi, dès qu'il eût achevé son service habituel dans le poste il se glissa silencieusement et à la faveur de l'obscurité dans la coursive contiguë à la Fosse-aux-Lions.

Edmond de Guimorvan écoutait déjà le récit de Frédéric.

— ... Il m'a cru son rival, il ne savait pas que je n'étais si empressé auprès de Suzette qu'à cause de Joséphine. Sa jalousie, irritée par ce qu'il venait de voir et d'entendre tout de travers, a seule été cause de tout. Je m'en suis bien aperçu à ses insultes, à sa colère, à son mépris pour la vie. N'a-t-il pas eu la sottise de se dénoncer lui-même au docteur ! Mais je suis coupable aussi par imprudence, j'ai eu tort d'embrasser Suzette; il devait s'y tromper. D'ailleurs, c'est un brave et digne matelot, un excellent homme que j'affectionne particulièrement : je ne le perdrai pas. Le père Palanquin m'arrachait l'âme avec ses plaintes. La peur des autres me donne encore envie de rire.

— Tu plaisantes quand le commandant est en fureur; il a pris son air pincé, mauvais signe. Le cas est grave, l'amiral ne te pardonnera pas.

— C'est vrai ! mais que ferais-tu à ma place ?

— Je ferais comme toi.

— J'en étais sûr, s'écria Frédéric.

Et les deux aspirants s'embrassèrent.

— L'indiscipline la plus redoutable n'est celle des matelots, ni la nôtre, reprit le jeune Guimorvan ; ce sont les commandants et les amiraux qui devraient les premiers donner l'exemple de l'obéissance. Mais je cause quand il faut agir. Il faut dire aux canotiers de tout nier ; il faut que Croche-Cœur prétende désormais avoir reçu ce coup de sabre dans l'obscurité, en allant à son hamac. S'ils se contredisent tu es perdu et tu ne sauves personne. Je vais faire la leçon au père Palanquin.

Généreux comme on l'est à vingt ans, Frédéric pensa que son ami se compromettrait par une semblable démarche, et bien qu'il appréhendît aussi les révélations indirectes des matelots :

— Non ! je te le défends, dit-il, advienne que pourra ! Mais vois-tu, j'ai bon espoir ; ils ne me trahiront point !

Heureusement Rafiau avait tout entendu, tout compris. Déjà il était sur le pont, où il racontait confidentiellement au patron la conversation des deux aspirants.

Un quart-d'heure après, le capitaine d'armes du *Foudroyant* entra dans la Fosse-aux-Lions, son fanal de corne à la main.

— Monsieur de Kéravel, dit le sous-officier.

— Présent ! répondit Frédéric.

— Je suis chargé, par le commandant, de vous dire que vous êtes aux arrêts forcés et au secret jusqu'à nouvel ordre. Il vous est défendu de communiquer avec qui que ce soit ; votre mousse vous portera à manger devant moi ; vous n'aurez pas de lumière ; aucune lettre ne vous sera remise avant que vous ne sortiez d'ici. Je suis fâché, monsieur, d'avoir à vous apporter de si mauvaises nouvelles.

Edmond, pour obéir à la consigne de l'adjudant de police, dut abandonner son ami immédiatement.

Le lieu de détention des aspirants, communément appelé Fosse-aux-Lions, dans la pratique, n'est pas, à bord d'un vaisseau de ligne, la Fosse-aux-Lions proprement dite. Celle-ci sert de logement au premier maître de manœuvre. L'autre, pompeusement décorée du nom de magasin général, est un compartiment triangulaire, situé à l'avant de cale, assez étroit, manquant d'air, obscur et malsain. Frédéric était condamné à passer un temps indéfini dans ce réduit étouffant, infesté de rats et d'insectes, au milieu des caisses d'huile, de graisse et de peinture, de cordages goudronnés et d'une foule d'autres objets d'approvisionnement d'une odeur nauséabonde. Il n'avait, pour toute compensation, que le sentiment exalté de sa noble résistance ; pour toute distraction, que sa flûte, ses rêveries amoureuses et ses inquiétudes.

Lorsqu'Edmond fut parti, Kéravel entendit le sous-officier poser un soldat de marine en faction auprès du panneau, et lui transmettre littéralement la terrible consigne du commandant. Les sentinelles étaient incapables de transgresser les ordres reçus, le capitaine d'armes incorruptible, Rafiau muet quand, en présence du rigide adjudant, il venait apporter les repas de son maître. Les précautions, du reste, avaient été poussées jusqu'aux plus minutieux détails, afin de convertir complétement la Fosse-aux-Lions en oubliettes sous-marines. Pas un chant, pas une conversation à haute voix n'étaient tolérés aux alentours. L'aspirant ne devait sortir sous aucun des prétextes qu'ont à leur disposition les prisonniers ordinaires. Tout était prévu. On voulait qu'il ne pût lire le moindre billet. L'écoutille du magasin général, qui ne laissait point passer assez de clarté pour qu'on distinguât la nuit du jour restait constamment ouverte sous les yeux du soldat de garde et rendait impossible toute tentative d'allumer une bougie. L'on sait, du reste, qu'en matière de police maritime, battre le briquet, en quelque partie du navire que ce soit, était alors un crime entraînant les plus rigoureuses peines.

Malgré sa dure captivité, Frédéric, lors même qu'il eût été muni des ustensiles nécessaires, se serait fait scrupule d'enfreindre la loi jusqu'à ce point. L'honneur veut qu'on ne s'expose pas à encourir une condamnation flétrissante, même par une action innocente de sa nature. Mais l'honneur ne défendait pas à Edmond de Guimorvan d'user de ruse pour instruire son camarade de ce qui se passait à bord, à terre et dans la division ; et l'amitié lui commandait d'imaginer un stratagème.

Le second jour, lorsque Rafiau porta à dîner à Frédéric, il lui remit un pain en faisant un clignement d'yeux qui échappa au capitaine d'armes, malgré la terne lueur de son fallot portatif. L'aspirant attendit d'être seul pour émietter le pain mystérieux avec précaution. Il y trouva trois cartes à jouer, découpées comme à l'emporte-pièce, à la façon de ces pièces de cuivre qui servent à imprimer des affiches. Les trois cartes étaient attachées les unes aux autres au moyen de fils à voile. Après des tâtonnements de plusieurs heures, il finit par découvrir ces trois mots : *Tout va bien.*

Le capitaine d'armes n'avait pas mission d'empêcher Frédéric de donner ses ordres au petit mousse. Quand celui-ci revint, l'aspirant lui dit :

— Rafiau, tu prieras M. de Guimorvan de ne pas oublier de copier la romance : *Tout va bien*; et de l'envoyer de ma part à la dame à qui je l'ai promise jeudi dernier. Il se rappellera bien ce que je veux dire.

Le mousse fit un signe de tête affirmatif, l'adjudant ne conçut aucun soupçon, Edmond sut ainsi qu'il avait été compris.

Dès lors chaque pain renferma des cartes que l'aspirant prisonnier mâchait et réduisait en pâte après les avoir déchiffrées. Maitre de la clé de cette correspondance, il reconnut facilement ensuite à des marques et à des coches faites en marge dans quel sens il fallait tourner les mots, toujours cousus entre eux de manière à former des phrases.

Le jour d'après, il lut sans trop de peine :

« Aucun n'a parlé, ils sont d'accord ; Croche-Cœur s'est dédit. Hier, combat de péniches. Deux anglaises coulées. Le commandant a une lettre pour toi. »

Que de choses révélaient en peu de mots ; que de doutes, que de désirs, que de regrets, que de pensées ils éveillaient :

Une lettre ! celle de Suzette, probablement ; qu'avait répondu Joséphine ? — Un combat auquel il aurait pris part, selon toute apparence, sans sa maudite réclusion, et qui pouvait se renouveler demain.

Il frémissait de dépit et d'impatience ; parfois la tentation de faire le fatal rapport se présentait à son esprit, il la repoussait avec horreur. Amour et gloire, tout était donc sacrifié à un sentiment d'humanité que son capitaine interprétait d'une manière odieuse !

Il en venait ensuite à se demander par quel miracle toutes les charges qui l'accablaient avaient disparu ; toutes, jusqu'à celles de ce Jean-Pierre, jaloux, blessé, furieux, dégouté de la vie. Dans son étonnement, il accusait Edmond de trop de laconisme ; il avait doublement tort.

Edmond lui-même ne s'expliquait pas l'unanimité inespérée des grands canotiers. Il se réjouissait de voir son ami à l'abri des dénonciations ; mais l'accord extraordinaire de Palanquin, de Croche-Cœur et des autres matelots avec ses propres projets, leur conduite identique avec celle qu'il eût voulu leur dicter, leur sage modération, leur discrétion, leur prudence redoublaient son admiration.

Raflau, si curieux et si bavard d'ordinaire, se taisait cette fois. Il avait eu le temps d'instruire Palanquin de tout ce que les aspirants s'étaient dit à la Fosse-aux-Lions; Palanquin l'avait aussitôt répété à Croche-Cœur. Dès que celui-ci connut l'amour de Frédéric pour la nièce du commandant, ses doutes sur Suzette se dissipèrent; il adopta la version du coup de sabre dans l'obscurité. Les rameurs convinrent également de se renfermer dans la dénégation complète de la révolte.

Un quart d'heure suffit pour concerter le plan imaginé par Edmond. Ce quart-d'heure, le commandant l'avait perdu à donner ses ordres au capitaine d'armes. Lorsqu'il fit comparaître à sa barre, l'un après l'autre, chacun des acteurs de la scène, il n'obtint qu'une même réponse. Quand il se rendit à l'hôpital des blessés, Jean-Pierre se retrancha dans un système semblable.

Tous les canotiers furent mis aux fers, le conseil des officiers convoqué pour le jour suivant. Le chirurgien-major, consulté en leur présence, confirma le premier aveu de Croche-Cœur.

— Mais, ajouta-t-il, l'état dans lequel se trouvait cet homme, à l'instant où nous l'avons visité, nous porte à croire qu'il délirait. Les exemples de faits semblables sont assez nombreux pour que nous n'hésitions pas à déclarer publiquement notre opinion, appuyée du reste, sur des expériences consignées dans les annales de la médecine. Une commotion brusque, une chûte, une blessure, une émotion violente même, surtout après un excès de fatigue, lorsque le corps est surexcité d'une manière anormale, peuvent réagir sur les organes du cerveau. Nous n'étions pas sur nos gardes, nous nous sommes laissé tromper par l'apparence. Revenu de notre erreur, nous ne craindrons pas d'affirmer à présent que le récit actuel du nommé Jean-Pierre est le seul plausible et véridique.

Mieux que personne, le docteur distinguait la vérité, transparente pour tous, certaine pour le commandant; mais il n'ignorait pas que sa mission était une mission de paix et d'humanité. Il continua donc à appuyer de raisonnements scientifiques, passablement obscurs, une opinion qu'il savait erronée, cherchant à réparer ainsi le mal qu'avait causé son trop fidèle rapport de la veille.

Les grands canotiers, interrogés de nouveau, furent inébranlables; les preuves manquaient, le commandant avait les mains liées. Frédéric seul pouvait éclaircir le mystère, et Frédéric refusait.

Il ne fut plus question dans le vaisseau que de l'affaire de Croche-Cœur. Tout le monde admirait l'aspirant; mais on craignait que le régime cruel auquel il était soumis ne triomphât de sa constance. Les grands canotiers, toujours aux fers, étaient en proie aux plus affreuses incertitudes. Le blessé, repentant et plein de reconnaissance, pleurait sa faute et faisait des vœux ardents pour son sauveur.

Cependant Palanquin était libre par faveur spéciale, mais sans doute à cause de ce rapport confidentiel de l'aspirant qui l'avait signalé comme seul resté dans le devoir. Le capitaine de vaisseau pardonnait d'autant plus volontiers au vieux patron de n'avoir pas avoué la vérité, qu'il le savait innocent et connaissait son affection paternelle pour le principal accusé. D'ailleurs, il estimait réellement le brave quartier-maître. Enfin, quoique trop sévère, le commandant, il faut le dire, ne regrettait point d'être dans l'impossibilité de sévir, puisque l'effet moral était produit sur l'équipage. Le matelot sauvé était un excellent serviteur, le protégé de la veuve Barberousse, le fiancé de Suzette; le contre-maître Barberousse avait été longtemps le serviteur dévoué de M. Richemont, alors simple officier, et les meilleures relations avaient toujours existé entre celui-ci et la majestueuse hôtesse de l'*Escadre invisible*.

Malgré tout cela, si l'aspirant cédait, les coupables étaient inévitablement traduits devant une cour martiale. Le capitaine de vaisseau regardait comme son devoir d'user de tous les moyens pour forcer Frédéric à parler.

Huit jours s'écoulèrent sans que rien de ce qui se passait transpirât hors du *Foudroyant*. La blessure de Croche-Cœur était moins sérieuse qu'on ne l'avait supposé d'abord, aucune partie noble n'avait été entamée ; le gabier se trouvait en voie de guérison rapide. Les canotiers venaient d'être remis en liberté, Frédéric seul restait écroué à la Fosse-aux-Lions.

Tout à coup une rumeur confuse s'éleva des profondeurs de la cale jusqu'au pont supérieur : on venait d'apprendre que le commandant allait interroger de nouveau M. de Kéravel.

L'équipage accourut sur le passage du jeune aspirant, qu'escortaient deux soldats de marine précédés du capitaine d'armes. Lorsqu'il parut, pâle, défait, les yeux rouges et incapables de supporter la lumière du jour, les matelots rangés en haie firent silence, ils se découvrirent avec respect. Çà et là, dans la foule, on voyait quelques grands canotiers confus et tremblants qui n'osaient le regarder qu'à la dérobée ; des bruits étranges circulaient à bord :

— Le commandant veut l'envoyer à l'amiral Allemand.

— Le commandant le fera juger.

— On le condamnera à mort ; on le fusillera.

— Le pauvre garçon !
— Le brave jeune homme !
— C'est-il dommage !
— C'est la mère Barberousse et Suzette qui pleureront bien !
— Et nous donc ?
— Je me ferais hacher sur la bitte à la minute pour qu'il ne lui arrivât pas de mal, dit un homme au bras en écharpe qui se trouvait à côté de Palanquin.
— Sois tranquille, Croche-Cœur, répondit le vieux de la cale d'une voix grave ; sois tranquille, matelot, il y a un bon Dieu !

III

LE COMBAT

Une heure après, Frédéric sortait de chez l'inflexible capitaine du *Foudroyant* ; son escorte le reconduisit à la Fosse-aux-Lions.

Sûr désormais que nul ne trahirait la vérité, l'aspirant avait puisé une force nouvelle dans cette certitude, et pourtant il avait eu à soutenir un violent combat. Il avait vu sur la console de M. Richemont deux lettres à son adresse, timbrées de Rochefort, il ne pouvait douter que Suzette ne lui parlât de son amour. Il avait entendu au loin une vive fusillade : c'était encore un combat de péniches, une de ces actions journalières d'où ses collègues revenaient avec de la gloire et des chances d'avancement. Rien ne fit chanceler son courage.

Quand il passa dans les batteries, un murmure flatteur l'accueillit ; les matelots voyaient bien qu'il retournait au cachot pour prix d'un second refus.

Cependant le tour de service du *Foudroyant* était revenu ; le canot de Palanquin fut de nouveau envoyé au Vergeroux.

Edmond de Guimorvan était de corvée ; on devait passer deux heures à terre. Le vieux patron se dirigea vers l'auberge, où Suzette et la mère Barberousse furent bien surprises de le voir entrer seul, morne et triste.

— Les Anglais ! Croche-Cœur ! ô mon Dieu ! cria la jeune fille effrayée.

— Non ! dit le patron, Croche-Cœur n'a pas été tué par l'Anglais ; il est mieux portant qu'il ne mérite ; laissez-moi dire.

Et il leur raconta tout ce qu'il savait. A chaque instant les deux femmes poussaient des soupirs ; elles finirent par ne plus retenir leurs larmes. Le vieux patron partageait toutes les craintes de l'équipage sur le compte de l'aspirant.

— Et moi qui reprochais à ce bon M. Frédéric de n'avoir pas répondu à mes lettres ! s'écria Suzette. Je conterai tout ça à mademoiselle Joséphine ; ça lui fera honneur, à ce pauvre jeune homme ! Elle n'ose pas m'avouer qu'elle l'aime ; mais je m'en aperçois bien, moi. On a l'œil américain, comme vous dites, père Palanquin. Que va-t-elle penser, que va-t-elle faire à présent ? Il faut pourtant le sauver, le tirer de prison, lui rendre le bonheur qu'il nous a donné! Quant à maître Croche-Cœur, il peut s'attendre à être joliment grondé de sa sotte jalousie.

— Allez, mademoiselle Suzette, il n'aura pas besoin de ça. Si vous voyiez comme il se désespère, quand on lui dit que M. de Kéravel passera au conseil! Je lo console de mon mieux maintenant, et vous feriez peut-être bien de venir à bord lui rendre un peu de cœur.

— Nous irons, dit la mère Barberousse, et je parlerai à votre commandant, moi! Ah! par exemple, c'est une indignité! A-t-on jamais vu un mangeur d'hommes pareil, qui voulait faire fusiller mon pauvre Jean-Pierre, et qui maintenant s'en *revenge* sur ce malheureux aspirant! Il l'étouffera dans la Fosse-aux-Lions, bien sûr! Nous irons, père Palanquin, pas plus tard que demain, au jusan de l'après-midi.

Edmond entra dans ce moment, et comprit bien, au jeu des physionomies, de quoi il s'agissait; il prit la jeune fille à part :

— Je sais tout, Suzette, je suis l'ami intime de Frédéric; lui avez vous écrit?

— Pourquoi ça!

— Je puis lui faire savoir si Joséphine l'aime, oui ou non. Seulement, n'allez pas répéter ceci, au nom de Dieu!

— Mais il est au secret!

— C'est précisément ce qui fait que je m'expose à être renvoyé du service, si l'on apprend que je communique avec lui.

— Mais il n'a pas de lumière !

— J'ai trouvé un moyen de lui faire déchiffrer quelques mots.

— Eh bien, dites-lui que mademoiselle Joséphine l'aime, ça lui fera toujours plaisir; et puis, voyez-vous, je le crois, j'en suis sûre même. Oui, j'en suis sûre, quoique ces belles demoiselles soient si singulières : elles ne savent jamais dire ce qu'elles pensent. Ce n'est pas comme nous.

Edmond hocha la tête en signe d'assentiment.

— D'ailleurs, je vais chez elle ; attendez-moi.

Le lendemain Frédéric trouva dans son pain les mots suivants : *Joséphine t'aime, Suzette me l'a juré.*

Le prisonnier riait et chantait, il embrassait les cartes bienheureuses et attendait avec impatience le jour suivant, espérant avoir quelques renseignements de plus. Le jour suivant Ratiau apporta un pain comme à l'ordinaire ; mais Frédéric l'émietta vainement, il ne trouva rien. Trois jours se passèrent ainsi. De temps en temps on distinguait des coups de canon dans le lointain ; le vaisseau lui-même tira plusieurs fois.

Du fond de son antre l'aspirant appelait le factionnaire, faisait venir le capitaine d'armes, et le chargeait de demander de sa part, au commandant la permission d'aller au feu. L'inexorable officier faisait répondre par un refus sans commentaires. L'adjudant se conformait à l'ordre reçu, et le détenu au désespoir maudissait jusqu'à ce jour de service qu'il avait passé sous le même toit que Joséphine.

— Sans cette malheureuse corvée, se disait-il, elle me reverrait avant peu victorieux, digne d'elle : j'aurais battu les Anglais, j'aurais conquis l'épaulette d'enseigne, j'oserais déclarer mon amour !

La douleur de Frédéric aurait été bien plus vive cependant, s'il avait su quel tort lui causaient des amis trop zélés.

La mère Barberousse, selon son dessein, était venue à bord avec sa fille ; elle avait abordé de bout-au-corps le rigide capitaine de vaisseau. Alors, livrant passage à son éloquence riveraine, la digne matrone avait dépensé une foule d'arguments indiscrets, qui apprirent au commandant tout ce qu'il ignorait encore de la jalousie de Croche-Cœur contre l'aspirant. Il lui fut facile de deviner que le matelot avait voulu se porter à des voies de fait; enfin, comme pour compléter les révélations, Suzette arriva avec une dernière et fatale preuve: c'était une lettre de sa nièce. Terrifiée aux nouvelles que lui donnait la fille de l'hôtesse, et cédant à des conseils imprudents, Joséphine avait osé écrire à son oncle en faveur de Frédéric de Kéravel.

M. Richemont ne put réprimer un geste de surprise à cette lecture ; il renvoya les deux femmes maritimes sans leur avoir donné aucun nouveau motif de crainte ou d'espoir. Suzette avait vu Croche-Cœur à peu près guéri, et plus affligé que jamais de la détention indéfinie de l'aspirant. Une scène touchante s'était passée entre les deux amants, dont la reconnaissance envers le prisonnier était désormais sans bornes.

La mère Barberousse, voulant user tous les moyens, avait dit en passant au patron du grand canot :

— Du jour où cette affaire sera heureusement terminée, je t'épouse.

La respectable hôtesse trouvait dans ses croyances superstitieuses mille raisons d'attacher ainsi son propre mariage au succès de ses vœux pour Frédéric.

— Faites toujours dire des messes pour lui et pour nous, lui répondit Palanquin, nous sommes dans la vase jusqu'à la flottaison.

— Je n'y manquerai pas !

Edmond avait été envoyé aux avant-postes de l'escadre, où il fut retenu plusieurs jours par les exigences du service.

— Toutes les suppositions étaient admissibles, les plus sombres craintes permises. La fusillade et le canon se faisaient entendre de plus en plus fréquemment. Kéravel avait renoncé à faire supplier le commandant de lui accorder sa part de danger. Une atonie funeste l'accablait. Il passait des heures entières à gémir. Abattu, anéanti, il tombait dans un état qui n'était ni le sommeil, ni la veille, mais une somnolence lourde accompagnée de cauchemars.

Un jour, c'était le dimanche de la Passion, le capitaine d'armes se pencha sur le panneau du magasin général :

— Monsieur de Kéravel, dit-il, le commandant vous fait appeler.

L'aspirant ne répondit pas. Le sous-officier descendit, son fanal à la main. Il trouva le prisonnier dans un de ses moments de suffocation. Ses extrémités étaient glacées, sa respiration courte et pénible, sa tête brûlante ; il était pâle comme un cadavre : l'adjudant le traîna dans le faux-pont. L'air moins épais ranima un peu Frédéric, il put marcher en s'appuyant sur le bras d'un des soldats de marine.

Les officiers et l'équipage se trouvaient aux postes de combat ; le commandant debout sur la dunette. Les canonniers rangés à leurs pièces, étaient émus à l'aspect du jeune homme ; cependant pas un murmure ne se fit entendre ; la générale avait battu, les mèches étaient allumées, on en était à cette terrible période d'attente et d'immobilité que redoutent les plus braves. Au loin on entendait une vive canonnade, un épais rideau de brouillards couvrait la baie ; nul dans l'escadre ne prévoyait ce qui allait se passer.

Frédéric, au contact du grand air, fut sur le point de se trouver mal ; il se traîna cependant jusqu'au bas de la dunette ; le commandant lui fit signe de monter, et congédia le capitaine d'armes et l'escorte.

— Eh bien ! monsieur, ce rapport ? demanda-t-il.

— Quel rapport ? répéta Frédéric comme au sortir d'un rêve.

Alors seulement M. Richemont remarqua l'état de l'aspirant qui tremblait de tous ses membres.

— Qu'avez-vous, monsieur ? fit brusquement l'officier.

— Rien ! répondit le jeune homme d'une voix sourde ; je meurs à la peine comme vous l'avez voulu, voilà tout.

Puis il baissa les yeux, car son faible regard ne pouvait soutenir celui du commandant.

— On va se battre, monsieur, ajouta le capitaine, sans avoir écouté la réponse de Frédéric.

— Ah ! s'écria celui-ci d'un air étonné.

— Qu'avez-vous donc enfin ? Avez-vous peur ?

Une révolution soudaine s'opéra dans l'aspirant ; le cadavre était galvanisé, le sang lui reflua au visage, une force étrange le ranima.

— Peur ! s'écria-t-il, avec colère ; de qui ai-je peur, monsieur ? Qui parle de peur ici ?

Le commandant avait commis par impatience, une faute qu'il se hâta de réparer.

— Pardon, monsieur de Kéravel, dit-il gravement, j'ai employé une expression que je rétracte. Vous croyez-vous capable de remplir une mission périlleuse ?

— Je suis capable de tout ! répliqua hardiment le jeune homme, dont la crise de faiblesse était passée.

— Tous ceux de vos camarades en qui j'ai confiance sont partis ; les officiers sont à leurs postes de combat à bord. Je vais vous donner le grand canot armé en guerre, et vous irez prendre les ordres de l'amiral.

— Je suis prêt.

— Vos arrêts sont levés.

— Je vous remercie, commandant ; mais alors veuillez me faire remettre les lettres venues pour moi.

— Comment savez-vous ?...

— On devait m'écrire, et je supposais que...

— Les voici, monsieur.

Un quart d'heure après, une grande embarcation, armée d'une caronade de 12 et de deux pierriers, débordait du trois-ponts l'*Océan*, monté par le général en chef, et se dirigeait, à travers la brume, sur le lieu où la fusillade était la plus vive. Le patron venait de demander les ordres à l'aspirant.

— Droit au feu, Palanquin ! Tu me préviendras quand nous y serons.

— Oui, monsieur Frédéric.

A ces mots, le jeune homme posa son sabre à côté de lui, déboutonna son frac, et en tira deux lettres qu'il décacheta rapidement. Il fallait que leur contenu l'intéressât à un degré bien extraordinaire, car le bruit de la mousqueterie et des espingoles, devenu étourdissant, ne parvenait pas à lui faire tourner la tête ; il n'entendait pas non plus ce qu'on disait autour de lui :

— Monsieur Frédéric ! — Le voilà donc sauvé ! — Hors de la Fosse-aux-Lions ! — Le brave des braves ! — Vive monsieur Frédéric ! — Nous sommes tous parés à mourir pour lui.

— Non ! personne que moi ! dit une voix qui sortait de dessous les bancs ; et un homme au bras en écharpe, que nul n'avait vu descendre dans le grand canot, se dressa comme un serpent à côté de Palanquin.

— Toi, ici !

— Je viens me mettre devant les balles.

— C'est bien ; cette fois-ci, mon fils, je le permets.

Tous les rameurs étaient profondément émus.

Les balles commençaient à siffler autour du canot ; l'aspirant lisait toujours.

— Vois-le, il est là, calme comme à son bureau, à calculer une longitude, disait Palanquin à Croche-Cœur.

— Je suis le dernier des derniers si je ne meurs pas pour lui.

— Faut espérer pourtant que ça ne sera pas nécessaire.

— Si fait, je le veux.

— Et Suzette !

Un soupir s'échappa de la poitrine du gabier.

— Monsieur, dit Palanquin en frappant sur l'épaule de Frédéric, nous voici rendus.

— Bien ! répondit l'élève en renfonçant dans son frac les bienheureuses lettres ; vaincre ou mourir, mes enfants !

— Gare dessous, les Anglais ! Vive monsieur de Kéravel ! crièrent les canotiers.

On se trouvait bord à bord d'une forte chaloupe ennemie.

— Feu ! commanda l'aspirant aux canonniers de la caronade. La mitraille balaya les bancs de la chaloupe, et une nouvelle scène s'offrit aux yeux des grands canotiers.

Par l'effet des détonations répétées de l'artillerie, le brouillard s'était reculé tout autour du champ de bataille, comme pour en faire une sorte de cirque naval auquel il ne manquait que des spectateurs ; la fumée roulait et tourbillonnait, semblable à la poussière d'une arène. Le patient, sur lequel s'acharnaient plus de trente embarcations anglaises, était une canonnière dont le pavillon pendait en lambeaux. Sa mâture était brisée ; elle ne pouvait poursuivre sa route et regagner le gros de la flotte ; son feu se ralentissait sensiblement. Les ennemis avaient éprouvé des pertes considérables, les nombreux débris de péniches qui jonchaient la mer en étaient un témoignage évident; mais les pièces de la canonnière étaient d'un calibre trop faible ; les caronades des péniches, d'une portée supérieure, avaient pu la réduire de loin à rester entre deux feux, sans avancer ni reculer. Les Anglais la serraient de près, et paraissaient disposés à tenter l'abordage.

Le secours que Frédéric apportait semblait insuffisant contre tant d'assaillants ; cependant il savait que des péniches françaises étaient attendues et que la face du combat pouvait changer d'un instant à l'autre.

— A bord ! cria-t-il ; Palanquin, gouverne droit pour accoster.

Les Anglais n'avaient pas encore aperçu le grand canot du *Foudroyant*. Dérobé aux regards par la brume et la fumée, il avait pu arriver jusqu'au milieu du champ de bataille. Les pierriers et la caronade étaient chargés jusqu'à la gueule, et le peloton de mousqueterie se tenait prêt à faire feu au premier signal.

— Ne tirons pas, canonniers ! Coupe celui-ci en deux, Palanquin. Nagez ferme, matelots !

Un affreux craquement suivit ce dernier ordre. Une longue péniche anglaise prise par le milieu, coulait à droite et à gauche du grand canot.

— Avant toujours ! commanda l'aspirant, et un instant après :

— La caronade maintenant, feu !

Un second canot fut désemparé.

— Feu ! les pierriers et la mousqueterie !

Une troisième embarcation fuyait ; enfin les grands canotiers, abandonnant leur valeureuse barque s'élancèrent à bord de la canonnière la *Railleuse*.

L'aspirant se dirigea vers le banc de quart.

— Le capitaine ? demanda-t-il.

— Mort ! répondit le timonnier.

— Le lieutenant ?

— Mort !

— Le maître ?

— Mort !

L'armement du grand canot était déjà reparti aux postes de combat ; Frédéric, commandant improvisé, s'était emparé du banc de quart.

En ce moment, les Anglais du côté opposé à celui par lequel les hommes du *Foudroyant* étaient montés, cessèrent leur feu en voyant que celui de la canonnière se taisait ; ils voulurent aborder en masse.

— Attention au commandement ! cria Frédéric.

— Hourra ! hurlait l'Anglais, dont vingt canots élongeaient le bord.

— Laissse tomber les filets d'abordage !... Feu partout !

Les filets de la canonnière tombèrent sur les assiégeants et les prirent sous les mailles, tandis que la mitraille les écrasait à bout portant. Ils croyaient trouver un pont couvert de cadavres et de blessés, mais les trente marins du *Foudroyant*, troupe fraîche et transportée d'enthousiasme, devaient les recevoir sous le commandement du brave aspirant, dont la voix produisait un effet merveilleux.

Cependant tous les canots ennemis n'avaient pas abordé par le travers, c'est-à-dire sous le filet d'abordage ; deux énormes chaloupes vomissaient leur monde à bord par l'arrière : les Anglais s'étaient précipités sur Frédéric, encore attentif aux mouvements extérieurs.

L'aspirant, en se retournant au bruit, vit vingt sabres au dessus de sa tête, vingt gueules de pistolets béantes sur sa poitrine.

— A nous! *Foudroyant*, hurlèrent à la fois deux hommes qui s'étaient impétueusement jetés entre les abordeurs et Frédéric.

Croche-Cœur et Palanquin n'eurent pas le temps d'ajouter une syllabe, ils tombèrent percés de coups.

Les grands canotiers abandonnant leurs canons s'avancèrent à l'arme blanche, et repoussèrent de la pique et de la baïonnette les assaillants effrayés de se voir accueillis par une troupe si compacte.

— Que pas un d'eux ne rembarque! cria l'aspirant dont l'œil suivait tous les mouvements de l'ennemi.

Cet ordre était inutile, un matelot français l'avait devancé et se glissant sous la poupe de la canonnière avait coupé les bosses ou cordes qui retenaient les deux chaloupes.

Toutefois, les Anglais encore en nombre avaient eu le temps de revenir de leur surprise. La victoire était le seul parti qui leur restât; ils combattaient en désespérés.

Le succès devenait douteux, lorsque le cri : France! France retentit de tous les côtés autour de la *Railleuse*.

Dix péniches françaises arrivaient, trop tard pour prendre part au combat, à temps pour assurer la victoire. Les Anglais mirent bas les armes.

Le premier homme qui monta à bord fut Edmond de Guimorvan ; il se dirigea vers le banc de quart :

— Capitaine, dit-il..,

Un cri de surprise s'échappa de ses lèvres.

Les deux aspirants se jetèrent dans les bras l'un de l'autre ; mais bientôt à un coup d'œil donné sur le pont, Frédéric s'écria douloureusement :

— Ils sont morts tous les deux pour moi!

Edmond de Guimorvan se baissa et plaça en même temps ses deux mains sur les deux cœurs de Palanquin et de Jean-Pierre.

Tout à coup il répondit avec transport :

— Ils vivent, Kéravel, ils vivent tous les deux!

IV

DOUBLE NOCE

L'alarme donnée à bord de la division française n'avait eu aucun résultat ; par le temps qu'il faisait, le branle-bas général de combat était une précaution des plus sages, mais l'escadre anglaise n'avait point bougé de la rade des Basques. Seulement ses péniches, en croisant au large, avaient rencontré la *Railleuse*, qui essayait de rentrer au port à la faveur des brouillards.

Les dernières chaloupes ennemies prirent la fuite, tandis que les canots français remorquaient la canonnière à l'arrière-garde de l'armée.

Edmond de Guimorvan alla rendre compte au commandant Richemont, et puis au général en chef, des actions éclatantes de Frédéric ; son amitié pour le vainqueur le rendit éloquent. L'amiral Allemand voulut complimenter lui-même le jeune sauveur de la *Railleuse*; mais quand le canot de l'*Océan* accosta le petit brig-goëlette, l'aspirant n'y était plus : on venait de le transporter à bord de son vaisseau dans un état d'évanouissement complet.

A peine l'ancre de la *Railleuse* était-elle au fond, que Frédéric se trouva mal sur son banc de quart. L'énergie extrême qu'il venait de déployer l'avait abandonné tout à coup; le commandement : *Mouillez!* fut le dernier qui sortit de ses lèvres. Les matelots se hâtèrent de le conduire à bord du *Foudroyant* où de prompts secours lui furent prodigués. La constitution du jeune homme avait été trop violemment ébranlée par tant de souffrances et de secousses; il passa plusieurs jours sans pouvoir être ranimé; ses forces avaient entièrement disparu, il respirait à peine.

Quand les gens de l'équipage demandaient à Rafiau des nouvelles de son maître.

— Il est comme mort, répondait le mousse; depuis trois jours il n'a pas ouvert les yeux; il est là, sans mouvement, plus froid que glace. Si le docteur ne disait pas qu'il vit encore, je penserais qu'il est temps de l'enterrer, ce pauvre M. Frédéric!

— Un pur sang! un vrai matelot! disaient tristement les marins; puis, ils se retiraient mornes et silencieux.

Le commandant Richemont passait des heures entières au pied du lit du mourant, à qui on avait construit une sorte de chambre en toile à voile dans la partie arrière de la batterie.

Un matin, le docteur, Edmond et le capitaine de vaisseau étaient rassemblés dans ce poste volant, attentifs à la respiration de Frédéric, qui devenait plus régulière.

— Rien n'est désespéré, dit le médecin, la chaleur naturelle revient un peu. La crise de délivrance approche peut être.

— Dieu le veuille! murmura le capitaine, Edmond tressaillit de joie.

Les yeux de Frédéric s'ouvrirent alors, il regarda autour de lui d'un air hagard; puis ses lèvres s'agitèrent et murmurèrent des mots entrecoupés.

— Il délire, commandant; c'est la fièvre enfin, la fièvre que j'attendais! dit le docteur en prenant le pouls du malade.

— Silence! silence! disait celui-ci à voix basse, c'est aujourd'hui le dimanche de la Passion! Adieu Joséphine, adieu Edmond, adieu tout ce que j'aime! Et j'ai vingt ans! Commandant, vous m'avez tué, parce que je n'ai pas voulu les faire fusiller. Eh bien! c'est égal! vous m'en rendrez raison sur le gaillard d'arrière du Paradis.

Après un court instant de repos, ses yeux pétillèrent d'un feu plus vif.

— On ne vous fusillera pas! s'écria-t-il avec

force. Mais nagez donc! vous dis-je. Vous nagerez, ou nous coulerons. Comment! lâches, on peut se battre cette nuit, et vous voulez retourner à terre! — A terre! continua-t-il doucement, et moi aussi je voudrais y être. Suzette, bonne Suzette, tu lui diras combien je l'aime; oui, n'est-ce pas? — Coulés, les Anglais. — Vive Joséphine! — Feu! feu partout! laisse tomber les filets. Viens, Edmond, viens que je te dise adieu, car je meurs.

Edmond de Guimorvan avait pris l'autre main du malade qui ne le connaissait pas ; le commandant s'était levé brusquement. Après une crise qui dura plusieurs heures, crise horrible pendant laquelle Frédéric dévoilait toutes ses tortures de la Fosse-aux-Lions, toutes ses craintes, toutes ses pensées d'amour, le sommeil ferma ses paupières.

— Il est sauvé! s'écria le docteur; je réponds de lui.

Peu de jours après, Frédéric était sauvé en effet ; il rentrait dans la vie comme au sortir d'un rêve étrange qu'il avait peine à comprendre. Le roman de ses illusions et de ses terreurs, les illusions fantastiques de la prison et de la maladie se confondaient dans son esprit.

Il avait sollicité la permission de descendre à terre, le commandant lui répondit que c'était impossible, parce qu'on se trouvait en présence de l'ennemi, dont les bâtiments devenaient plus nombreux de jour en jour. Les Anglais rassemblaient alors des machines incendiaires. L'on approchait à grands pas d'une nuit à jamais néfaste dans les annales de notre marine.

Frédéric écrivit à Suzette. Le surlendemain, il reçut la réponse suivante :

» Mon cher monsieur de Kéravel,

» A la réception de votre dernière, je me suis rendu chez mademoiselle Joséphine ; mais à présent on se défie de moi, à ce qu'il paraît ; je ne puis lui parler, à moins que je ne la rencontre dans le jardin. Depuis qu'elle écrivit au commandant de vous faire sortir de la Fosse-aux-Lions, on ne me laisse plus monter chez elle. L'autre soir, pourtant, sous la tonnelle, je lui ai conté votre beau combat, et j'ai su qu'elle est allée, avec madame sa tante, visiter à l'hôpital de Rochefort les blessés du *Foudroyant*. Elle s'est bien intéressée à Palanquin et à Croche-Cœur. Voyez-vous, monsieur, c'est une charmante demoiselle et qui vous aime, quoiqu'elle ne l'ait pas positivement avoué. Je lui ai dit aussi tout ce que vous avez risqué pour sauver Jean-Pierre ; elle pleurait en m'écoutant, moi je faisais comme elle. Vous avez bien raison de l'aimer, elle est si bonne ! J'y suis retournée avant-hier et puis hier, toujours sans la voir ; enfin je l'ai rencontrée ce matin avec un grand monsieur qui a des moustaches noires d'une demi-brasse et qui marche raide comme un tambour-major. J'ai appris que c'est son père, M. le colonel Brissart ; elle ne le quitte plus. Je n'ai donc pu lui parler de vous ; je me suis seulement approchée pour lui annoncer mon mariage et celui de ma mère, dont je vous fais part de même par la présente.

» Palanquin est à peu près guéri, Croche-Cœur a été réformé et congédié à cause d'une forte blessure qu'il a à l'autre bras.

» J'ai raconté tout ça à mademoiselle Joséphine en l'invitant à venir à ma noce, où vous la verrez ; car maman a obtenu du commandant Richemont que vous descendriez à terre avec M. de Guimorvan et dix de nos amis du *Foudroyant*, pour ce jour-là qui est après-demain. Je ne devrais pas vous répéter cela, on me l'a bien défendu ; mais je sais que je vous ferai tant plaisir que je n'ai pu m'empêcher de vous en donner la nouvelle tout de suite. Palanquin et Croche-Cœur arrivent demain au Vergeroux pour tout à fait. Ils m'ont chargé de vous jurer qu'ils sont prêts à recommencer de se faire tuer pour vous. Maman vous dit aussi bien des compliments de tout son cœur, ainsi qu'à M. de Guimorvan, et moi je suis pour la vie votre reconnaissante et dévouée servante.

» Suzette. »

Frédéric courut montrer cette lettre à Edmonde, et de longues heures de nuit se passèrent en ineffables causeries.

Le lendemain fut encore un jour de bonheur.

Enfin, le commandant les fit appeler, et croyant leur apprendre le double mariage, les autorisa à descendre à terre à la pointe du jour suivant.

A cinq heures du matin un canot déborda du vaisseau pour les conduire au pont du Vergeroux. Haflau et neuf autres marins devaient passer la journée, à l'auberge de l'*Escadre invisible*.

Les invités furent reçus par les deux futurs époux, Croche-Cœur, le bras en écharpe et portant une veste de pêcheur; Palanquin en grand uniforme de second maître, car le brave patron avait été promu à ce grade pendant sa maladie.

— Nous revoici, monsieur de Kéravel, dit le vieux marin; je vous présente mon fils, bien honteux, voyez-vous, de tout ce dont il a été cause. Pardonnez-lui, je vous prie, il en est bien fâché du fond du cœur.

— Je n'ai rien à pardonner, répondit l'aspirant avec vivacité. Si quelqu'un de nous doit de la reconnaissance aux autres, c'est plutôt moi à vous deux que lui à moi.

A ces mots, il tendit la main au gabier, qui la serra silencieusement avec une émotion respectueuse.

On attendit quelque temps dans la grande salle ; enfin la jeune mariée vint saluer les aspirants. Elle était plus jolie, plus gentille, plus piquante que jamais, dans son élégant costume saintongeois.

— Scélérat de Croche-Cœur ! en a-t-il du bonheur ! s'écriaient les matelots ; il passe au service de la *Reine des perles* : fameuse navigation !

La mère Barberousse fit ensuite son entrée triomphale : elle était dans ses plus riches atours ; trois larges chaînes d'or descendaient sur sa poitrine en lourds festons, *pis que des suspentes de basses vergues*, disaient les facétieux. Elle portait une robe de soie cramoisie, moins rouge encore que sa face rubiconde.

Le père Palanquin, un peu pâle encore, faisait contraste avec la digne hôtesse ; mais les marins ne riaient pas en le regardant :

— C'est un terrible que maître Palanquin, répétaient-ils. Sais-tu que l'autre fois, il a coulé d'un seul coup une péniche de trente avirons : c'est un soigné, *la mort des Anglais*.

Dans la répartition des exploits, selon les hôtes du gaillard d'avant, le sauvetage de la canonnière appartenait, sans conteste, à Frédéric ; la fuite et la défaite des diverses chaloupes, rencontrées par le grand canot, étaient dévolues aux canonniers ; mais le patron avait seul toute la gloire de la péniche coupée en deux.

Les aspirants donnaient le bras à de jeunes et fraîches villageoises des environs ; une musique champêtre marchait en tête de la colonne. On arriva ainsi à l'église, où Frédéric chercha des yeux mademoiselle Drissart. Il ne vit que madame Richemont, seule à son banc.

— Mon Dieu ! qu'est devenue Joséphine ? pourquoi n'est-elle pas ici ? pensa-t-il ; et il se rappela non sans inquiétude que Suzette et la mère Barberousse avaient évité, toutes deux, de se laisser accoster dans la grande salle. Il se perdit en suppositions.

On sortit de l'église ; madame Richemont s'avança vers les mariés, félicita amicalement la mère Barberousse, embrassa Suzette sur le front, dit quelques mots flatteurs aux deux marins, mais répondit seulement par un salut glacial aux saluts des aspirants, qui ne purent lui adresser la parole. Elle monta en voiture aussitôt et retourna à son habitation, tandis que la noce se remettait en marche vers l'*Escadre invisible*.

En arrivant, Frédéric, les larmes aux yeux prit Edmond à l'écart :

— Qu'est-il donc arrivé, mon Dieu ! s'écria-t-il ? où est Joséphine ?

— Je vais le savoir, répondit Edmond, en se dirigeant vers les nouvelles mariées.

Frédéric, muet de crainte, suivait de là le jeu des physionomies. Aux questions d'Edmond il vit tressaillir Suzette, et la mère Barberousse témoigner, par un geste significatif combien elle était contrariée.

Cependant Palauquin et Croche-Cœur avaient pris chacun d'une main le petit mousse des aspirants, et s'approchant de Frédéric :

— Il est temps, à cet heure, de vous conter tout, M. de Kéravel, dit le second maître : voici celui qui a débrouillé nos lignes ; celui qui vous a sauvé en parlant, comme vous avez sauvé Croche-Cœur en vous taisant. Sans lui, ça pouvait mal tourner pour nous et pour vous, peut-être.

L'aspirant eut bientôt la solution complète du problème, et promit à Raflau sa protection spéciale. Le mousse était transporté de plaisir et fier des paroles amicales de son jeune maître. Mais celui-ci, bien qu'il fît bonne contenance, avait le cœur navré. Edmond de Guimorvan causait encore d'un air affairé avec les deux mariées ; il ne revenait pas.

Tout à coup la porte s'ouvrit, un enseigne du vaisseau l'*Océan* entra. Le silence se fit :

— Monsieur de Kéravel, dit l'officier, voici l'ordre de vous rendre immédiatement à bord de l'amiral : mon canot vous attend.

Une sueur froide glaça tous les assistants. Au seul nom de l'amiral Allemand, matelots et riverains tremblaient.

— C'est bien monsieur, je vous suis, dit Frédérie en arrachant l'enveloppe de la missive, et il lut ce que l'officier venait lui annoncer.

Suzette se baissa et ramassa l'adresse :

— Monsieur Frédéric de Kéravel, *enseigne de vaisseau!* s'écria-t-elle avec bonheur. C'est pour vous annoncer votre nouveau grade que vous méritez si bien.

Des applaudissements effrénés, des cris d'allégresse ébranlèrent la toiture de *l'escadre invisible.*

Frédéric, resté en apparence insensible à la crainte d'une fâcheuse nouvelle, l'était en apprenant ce qui lui arrivait d'heureux. Une foule amie le félicitait; Edmond lui prenait la main. Raflau pleurait de plaisir, Suzette sautait comme un enfant, Croche-Cœur et Palanquin abusaient de toutes les exclamations en usage sous la misaine, la mère Barberousse criait à ses servantes d'apporter des verres pour boire au nouvel officier : il ne bougeait pas. Ses pressentiments ne l'abandonnaient point.

Enfin, il fit un geste ; tous les assistants se reculèrent, à l'exception d'Edmond, auquel il demanda ce que les deux hôtesses venaient de lui apprendre.

— Rien n'est perdu, répondit l'aspirant. Il paraît seulement que hier, pendant la nuit, une chaise de poste est venue chercher M. le colonel Brissart et sa fille. Personne ne sait encore où ils sont allés ; mais Suzette et sa mère m'ont bien promis de t'en instruire dès qu'elles l'auront découvert, et de faire tous leurs efforts pour retrouver la trace de celle que tu aimes.

Frédéric leva un regard suppliant sur la jeune mariée, qui lui répéta ce qu'Edmond venait d'annoncer.

— Adieu donc, mes amis, et soyez heureux ! dit à haute voix le nouvel enseigne, qui sortit à l'instant pour se rendre au pont du Vergeroux.

Quelques jours après, la canonnière la *Railleuse*, réparée en rade, grâce au concours actif de la division navale, était sur le point d'appareiller pour une mission aventureuse. Son équipage se trouvait composé de marins, choisis par son nouveau capitaine, qui n'était autre que Frédéric de Kéravel. L'empereur avait ordonné qu'on donnât au jeune officier le commandement du navire qu'il avait si courageusement arraché aux ennemis.

Edmond de Guimorvan qui n'avait reçu aucune récompense, car nul ne fit valoir sa belle conduite, avait obtenu d'être le second de la canonnière.

Jusque-là, le jeune Guimorvan, dernier représentant d'une grande famille de Bretagne, illustre dans la marine française, avait été l'ancien de Kéravel, quoique de deux ans moins âgé que lui ; aucun sentiment de jalousie ne ternit sa noble satisfaction. Il avait ardemment désiré de devenir le lieutenant de son intime camarade ; maintenant, il se réjouissait de l'avoir pour chef.

Au moment où l'ancre était haute, un canot du *Foudroyant* aborda. On remit une lettre au capitaine de la *Railleuse*. Il la décacheta en tremblant.

— Je ne sais, dit-il à Edmond, j'ai de mauvais pressentiments.

— Quelle idée ! Lis, lis donc !

L'enseigne lut à haute voix :

Rade de l'île d'Aix, à bord du *Foudroyant*,
le 5 avril 1809

« Monsieur,

» Ne doutant pas du vif intérêt que vous prendrez à un événement qui me comble de joie, et, afin de vous donner une nouvelle preuve de l'estime que j'ai conçue pour vous, je me hâte de vous faire part du mariage de mademoiselle Joséphine Brissart, ma nièce, avec M. le chef d'escadron Ferdinand de Hauteville. Cette union, depuis longtemps arrêtée entre les deux familles, sera célébrée, le 15 courant, en l'église paroissiale de Saint-Roch, à Paris.

» Recevez de nouveau mes félicitations pour

votre avancement si bien mérité, ainsi que les salutations de votre ancien commandant.

» RICHEMONT. »

Frédéric pâlit; et après un moment de réflexion :

— Que faire? mon Dieu ! demanda-t-il à son lieutenant :

— Commander l'appareillage, répondit celui-ci avec fermeté.

Frédéric de Kéravel, faisant un effort sur lui-même, ordonna de lever l'ancre et d'établir les voiles.

En descendant du banc de quart, il accosta Guimorvan, et lui dit avec exaltation.

— Malheur aux Anglais ! c'est sur eux que je me vengerai.

Puis il se rendit tristement dans sa cabine de capitaine pour y pleurer sur ses amours d'aspirant.

LE
CHATEAU DU TAUREAU

I

PARTIE INTERROMPUE

— Ho du canot ! ho ! héla au porte-voix la sentinelle de la plate-forme.

Point de réponse.

L'embarcation, grande et belle chaloupe, favorisée par la marée descendante, s'éloignait de la rivière de Morlaix, s'engageait dans le chenal de l'ouest et tentait évidemment de violer la consigne. A l'arrière, gouvernait un homme jeune et vigoureux dont un manteau ciré cachait le costume. Deux bas Bretons, assis au pied des mâts chargés de toile, s'y tenaient les bras croisés. Le milieu était entièrement couvert par une de ces épaisses toiles goudronnées que les marins nomment *prélart*.

— Accoste, à l'ordre ! cria encore le soldat, qui, lâchant le porte-voix, arma son fusil.

— En voici trois qui ont l'oreille diablement dure ! fit le caporal de garde.

— Toujours de même ces Bretons ! ajouta le portier-consigne en haussant les épaules.

— Feu donc ! feu ! s'écriait en trépignant le capitaine Hervé Plourin dit Balafrot, parfait grognard de la grande armée, vétéran à demi invalide, présentement commandant du château du Taureau qui protège la rade.

Vieux serviteur de la république et de l'empire, ancien ami de la Tour d'Auvergne, mais grand admirateur du petit caporal, bonapartiste par entraînement, cœur français avant tout, moustache grise, jadis sabreur, au demeurant le meilleur des hommes, Balafrot a été cent fois dessiné par Charlet. Qui ne connaît sa martiale et sympathique physionomie ? Ses états de service y étaient gravés. Lors des Cent-jours, en 1815, il ne pouvait avoir moins de cinquante-cinq ans.

Quant au château, il n'a guère plus de trois siècles. Bâti sur un îlot rocailleux, à dix kilomètres de la ville, entre les deux chenaux, celui de Léon et celui de Tréguier, c'est une forteresse oblongue dont l'origine, exclusivement municipale, remonte à 1542.

Quand le roi Louis XIV eut confisqué le château du Taureau, Vauban y construisit des casabords voûtées, et arma sa batterie basse de canons de gros calibre dont le capitaine commandant Balafrot aimait à vanter la longue portée.

Il n'en avait que faire à cette heure, mais il pestait en vieux soldat, car son potage allait refroidir :

— Chiens de têtus ! On ne peut seulement pas se mettre à table ! disait-il avec humeur.

Le matelot Guichavoa, son factotum, ne craignant pas que le roulis avariât la soupière, l'avait suivi en se dandinant.

— Encore un qui veut gober quelque prune ! fit-il d'un ton fort insouciant.

Mais, dès qu'il put voir la barque et raisonner en marin, l'incident l'intéressa.

Pas un navire, pas un bateau, petit ou grand, ne devait passer sans être interrogé ou même visité, s'il y avait lieu. Grand ennui pour les pêcheurs qui, en louvoyant, s'étaient élevés au vent et ne se résignaient qu'à contre-cœur à renoncer à un avantage obtenu parfois à grand'peine. Fâcheuse perte de temps pour le caboteur en position d'entrer aisément en rivière, mais que la formalité de la visite attardait de plusieurs heures en lui faisant manquer la marée. De là le grand nombre des récalcitrants. Il fallait sans cesse recourir à l'emploi des fusils, des espingoles et pièces légères braquées aux embrasures de la plate-forme, ou même aux gros canons. Mais l'impertinente chaloupe qu'on hélait avait bon vent de travers, ne perdait absolument rien à obéir et se rendait par conséquent suspecte.

Elle éveillait par cela même l'attention professionnelle de Guichavoa, seul et unique marin en résidence au château du Taureau.

Trente ans, nez retroussé, lèvres épaisses, yeux gris et perçants, teint basané, cheveux bruns à tire-bouchons, oreilles en cornet de dragée décorées d'annelets d'argent, buste d'athlète artistement tatoué, bras musculeux couverts de dessins indélébiles, taille au-dessous de la moyenne, comme la plupart des riverains trégorrois, Efflam-Denez Guichavoa, né natif de Locquirec, avait fait tous les métiers que peut faire un matelot sans cesser d'être marin. Il avait été pêcheur, caboteur, apprenti pilote, aide-calfat, aide-charpentier, décolleur de morue, gabier et canonnier au service de l'Etat, corsaire, ce qui lui plaisait le mieux, matelot au long cours depuis la paix, et, en dernier lieu, batelier, ce qui ne lui plaisait aucunement.

Moyennant la modique rétribution de cinq centimes par tête, il transbordait bêtes ou gens, non loin de l'embouchure de la rivière de Morlaix. Triste emploi pour un gaillard de son âge et de sa trempe.

Que voulez-vous? Quand Napoléon revint de

l'île d'Elbe, Guichavoa était inscrit au rôle de *l'Active*, beau brig de la maison Tardif et C°, achevant de décharger une cargaison de vins d'Espagne. Le brig désarma net ; l'équipage fut congédié. Trop heureux alors de trouver à ramer dans un bateau de passage, Guichavoa jetait de mélancoliques regards sur la mer grande où reparaissaient déjà les croiseurs anglais.

— Plus de corsaires ! pensait-il ; mais pourquoi pas ? Quand donc me reviendra la chance ?

Ce fut dans cette situation que le retrouva M°° veuve Destournelles, sœur puînée du capitaine Balafrot, rappelé depuis une semaine au commandement du château du Taureau.

Plusieurs années en çà, les nombreuses blessures qui empêchaient le digne officier de servir plus activement lui avaient valu ce poste. Dès les premiers jours de la première restauration, il le perdit. Revers affligeant. Réduit à une chétive pension de demi-solde, au lieu de venir en aide à sa pauvre sœur, allait-il être une charge pour elle ? Les attentions filiales de sa nièce Philiberte ne le consolaient point de son retrait d'emploi. On végétait dans une vieille maison du quai de Tréguier appartenant à l'armateur Tardif, indulgent propriétaire et parfait voisin ; mais encore on végétait. Le retour inopiné de l'empereur changea toutes choses.

Tandis que les Tardif, inquiets du sort de leurs navires en cours de voyage, désarmaient l'*Active* et mettaient sur le pavé le matelot Guichavoa, Hervé Plourin dit Balafret était réintégré dans ses fonctions, sans avoir été contraint, grâce au ciel, d'entamer une certaine somme qu'il regardait comme sacrée. Pour le moment il voulait à son service un marin du pays, bon à tout faire.

— Du pays, j'en suis, madame, comme vous le savez, dit Guichavoa ; les courants et les roches de toute la côte me connaissent, et tout faire, ça me connaît encore mieux.

— Parfaitement vrai ! s'écria en souriant la jeune Philiberte, qui accompagnait sa mère ; je sais que vous avez beaucoup de connaissances.

— Hormis celle d'une demoiselle plus mignonne que vous, dit Guichavoa d'un ton dégagé, et d'une dame plus brave que madame votre maman.

Courage et travail étant synonymes pour Guichavoa, *brave* signifiait ici *laborieuse*.

L'honorable veuve ne parut pas insensible au compliment :

— Savez-vous faire un peu de cuisine ? demanda-t-elle.

— La cuisine ! ça me connaît, soyez calme ! A bord de *l'Artémise*, j'ai fait fonction d'aide-coq, et sur *le Formidable* j'étais marmiton de l'état-major.

— Et le service de table ?

— Quand j'étais mousse sur *la Jeune-Coquette* de Saint-Malo, on me surnommait *maître d'hôtel*. Déboucher les vins fins, ça me connait ! Et cirer les bottes, donc !

— Je ne vous parle ni de batelage ni de pêche, poursuivit Mme Destournelles ; mais à quelques brasses du fort, sur un rocher, mon frère a entrepris de faire un petit jardinet avec des terres rapportées, et...

— Le jardinage ! interrompit Guichavoa, comment pouvez-vous me demander si ça me connait ?...

— Oubliez-vous donc, maman, dit Philiberte, que Guichavoa, l'an dernier, a été mon collaborateur.

— A bord de *la Cunégonde*, de Nantes, je cultivais les salades, les radis, le persil, et si le capitaine m'avait laissé faire, j'aurais planté un prunier au milieu du navire dans une caisse de tôle tapissée de liserons...

— Décidément, mon garçon, vous êtes bien l'homme qu'il faut à mon frère, et vous n'avez qu'à vous rendre au château du Taureau pour entrer immédiatement à son service.

— Dans un quart d'heure, dit Guichavoa, j'aurai cédé ma place à un camarade trop content de la prendre, et dans une heure je serai au fort. Grand merci d'avoir pensé à moi.

— Ce n'était que justice ! dit Philiberte, qui,

pendant l'armement de *l'Active*, en chargement pour Malaga, s'était fort applaudie de l'obligeance du matelot.

Avec un zèle ingénieux et une grande adresse, Guichavoa l'avait aidée à l'ornementation de son petit jardin ou, en langue morlaisienne, de son *kombot*.

Le mot signifiait jadis en bas breton *étage*, comme l'atteste Legonidec. Les Bretons l'ont oublié en s'emparant du mot français, qu'ils estropient abominablement. Depuis, les Morlaisiens, qui le lisent tous les jours sur les affiches de notaires, s'en demandent l'origine; ils le font dériver du saxon ou de l'espagnol; quelques-uns opinent pour le sanscrit.

Philiberte faisait ses délices du *kombot* le plus élevé, dépendant de la vieille maison à pignon sur quai. On y accédait par un pont jeté au-dessus de la cour intérieure entre le grenier et le roc, d'où l'on gravissait ensuite deux fois vingt marches.

A Morlaix, sur l'une et l'autre rive du port et des deux ruisseaux qui s'y déversent souterrainement, il y a des jardins ainsi étagés, subdivisés en six ou huit terrasses dont la plus haute est souvent couronnée d'arbres séculaires.

Dans son petit jardinet perché presque au sommet de la colline et d'où l'on jouissait d'une vue admirable, Philiberte, en des jours relativement prospères, s'était complue à construire une sorte de grotte ornée de coquillages, de quelques pierres celtiques et de curiosités offertes, en général, par des matelots de la maison Tardif ou par des paysans qui, en échange, ne refusaient pas un léger pourboire.

Le bras grossièrement sculpté d'on ne sait quel magot, tenant une tablette de pierre brisée, fut un jour aperçu dans les vases de la rivière par la jeune fille, qui témoigna le désir de l'avoir.

Guichavoa l'entendit, se mit à l'œuvre, retira du fond le débris de sculpture, et après l'avoir gratté, brossé, savonné, le transporta, non sans peine, jusqu'à la grotte du petit jardin. Il l'y assujettit ensuite entre deux blocs de granit où l'on distinguait quelques dessins druidiques :

— Pareils à ceux de Gavr'Inis, ça me connaît ! avait dit à ce sujet l'obligeant garçon, qui n'était point sans avoir fréquenté la baie du Morbihan.

Philiberte para ses trouvailles de plantes grimpantes et de fleurs vivaces. L'ensemble était d'un effet charmant. M. Tardif en complimenta la jeune fille. Le bras lui parut être celui de quelque saint d'une vieille église du pays ; mais, d'après l'architecte de la ville, ce n'était taillé dans aucune pierre de Bretagne. Peu importait à Guichavon, puisque mademoiselle était contente.

Non sans regretter la navigation et surtout la course, le matelot s'efforçait de contenter de même son commandant Balafrot. Et depuis près de trois mois, avec un zèle infatigable, il cuisinait, cirait, brossait, batelait et jardinait, quand, vers le soir, fut hélée la grande chaloupe où l'on feignit d'abord de ne rien entendre.

Mais la balle qui siffla fort près de l'arrière et la menace au porte-voix d'un biscaïen en pleine coque forcèrent le jeune patron à une brusque arrivée :

— Au diable le grognard ! fit-il.

Et soulevant le prélart :

— Attention, camarades ! que personne ne bouge ! Tout n'est pas perdu... je l'entortillerai !

— Bien !... on fera les morts ! répondirent quelques voix étouffées.

— Silence !

Peu d'instants après, la grande barque était au ras de l'îlot fortifié ; les voiles larguées en bannière faséyaient et, sans sortir de l'embarcation, le patron disait au capitaine invalide :

— Hé ! mon cher ami, quelle mouche vous pique ? Je profite du beau temps pour aller à la pêche !

— Dufresny ! s'écria gaîment le grognard, qui était descendu sur le pont-levis avec le portier-consigne et l'inévitable Guichavoa. Pas du tout ; les jours sont longs ; tu iras plus tard !...

— Vous me feriez perdre toute une marée ! objecta le jeune homme.

— Tu plaisantes, farceur ! Je te tiens, je te garde ! répondit le vétéran en passant du pont-levis sur l'escalier taillé dans le roc.

Dufresny avait beau dire que Mme et Mlle Destournelles comptaient sur sa pêche :

— Ah ! par exemple ! interrompit le vétéran, me priver d'un convive qui m'arrive si à propos ! Pas pour un empire ! Un second couvert, Guichavoa, et quelques fines bouteilles !...

L'obéissant Guichavoa, loin d'obéir, reste en observation.

— Mais j'y songe ! s'écria Balafrot, pourquoi diable passer sans te faire reconnaître ?

— Eh ! parbleu ! je pensais, moi, que, me reconnaissant, vous ne me héleriez même pas ! répondit Dufresny qui, sentant le danger de prolonger le dialogue, fit contre mauvaise fortune bon cœur et sauta sur l'escalier.

Il jetait en même temps son manteau ciré dans la barque et apparaissait en petite tenue de lieutenant de vaisseau.

Le portier-consigne se découvrit, le factionnaire de l'entrée qui donne du côté de la rade, c'est-à-dire au midi, s'apprêtait à porter les armes. Guichavoa reniflait, ce qui était chez lui un signe d'attention surexcitée au plus haut point. Les deux officiers se serraient la main.

Dufresny, si peu pressé tout à l'heure de sortir de sa barque, semblait avoir hâte de pénétrer dans le fort, mais Balafrot le retenait affectueusement.

— Si tu n'as pas soupé, disait-il, tu souperas avec moi, et si tu as soupé, tu me tiendras compagnie en trinquant. Ensuite, sois libre comme l'air ; passe la nuit à la pêche, sans imprudence, bien entendu ; messieurs les Anglais ne sont peut-être pas loin.

L'un des pêcheurs bretons étouffait les voiles, l'autre amarrait la chaloupe, Dufresny s'efforçait en vain d'emmener le vétéran, qui s'écria tout à coup :

— Mais !... mais !... qu'y a-t-il donc sous ce prélart ?

— Nos filets, nos provisions !

— A d'autres ! ça remue !

Le vieux capitaine descendit jusqu'à la barque et, d'une main indiscrète, souleva la toile goudronnée.

— Maudits les drôles qui ont bougé ! grommelait Dufresny, tandis que son trop clairvoyant ami l'apostrophait en riant :

— Des filets, des provisions !... où comptais-tu donc aller avec tes quatorze gaillards ?

— A la pêche des Anglais, parbleu ! riposta le marin, horriblement contrarié.

— Ça me connaît ! murmura Guichavoa qui, suffisamment renseigné, prit sa course pour la salle à manger du commandant.

Du fond de la barque se levaient, en s'étirant, les douze hommes couchés jusque-là.

Y compris les deux pêcheurs bretons, l'équipage enrôlé par Dufresny se composait bien de quatorze aventuriers, tous gens de mer, tous plus ou moins déguenillés, des solides, déconcertés maintenant comme des écoliers pris en flagrant délit par un régent de collège.

— Plus mècho !... Rasés ! coulés ! se disaient leurs piteux regards.

— Mangez ! leur cria l'officier de marine, je vais en faire autant.

Et sur ces mots, sans attendre le capitaine-commandant, il monta dans le fort en homme qui en connaissait parfaitement les êtres. Les factionnaires lui portèrent les armes, et il fut salué par tous les soldats qui, d'ailleurs, l'avaient vu bien souvent, car il était l'un des rares visiteurs du brave Balafrot, qui le tutoyait d'enfance et l'aimait comme un fils.

— Veille au fond ! se disait Guichavoa : il y a, j'espère, moyen de moyenner un joli petit coup de commerce !

II

LES DEUX FOSSETTES

Après avoir pris une part plus glorieuse que lucrative à toutes les guerres de la république et de l'empire, quand Hervé Plourin dit Balafrot fut appelé, pour la première fois, au commandement du château, Dufresny était embarqué sur l'escadre de Brest.

Le jeune marin venait de temps en temps à Morlaix où il visitait fort assidûment M. et Mme Destournelles. Il avait vu ainsi éclore et se développer les grâces enfantines de Philiberte, que Guichavoa, le grand connaisseur, devait par la suite proclamer mignonne comme pas une.

M. Destournelles occupait un excellent emploi dans la maison Tardif et C°. Il y rendait les meilleurs services, et l'on y parlait de le faire participer aux bénéfices des opérations, quand il mourut presque subitement.

Le pot au lait de la famille fut brisé.

Un mobilier confortable et mille écus d'épargne furent l'unique héritage de Stylite Plourin qui, ayant fait un mariage d'inclination, se promit fermement de ne pas laisser Philiberte suivre un si imprudent exemple.

La médiocrité de sa position la contraignit à s'industrier pour faire face aux besoins renaissants de chaque jour. Elle ouvrit un atelier de lingerie et de confection. Philiberte, déjà grandelette, la secondait courageusement.

A l'exemple de l'armateur Tardif, le haut commerce, l'opulente bourgeoisie et les familles de négociants, dont quelques-uns, vers cette époque, firent d'immenses affaires, s'intéressèrent efficacement à l'estimable veuve. Jamais elle ne manqua d'ouvrage.

Sa principale ressource, néanmoins, était la contribution fraternelle d'Hervé le Balafret. Aussi quelle crise, après la rentrée de Louis XVIII, quand il fut démonté de son commandement!

Philiberte entrait alors dans sa vingtième année. Sa physionomie spirituelle avait au plus haut point le caractère local. L'agréable irrégularité de ses traits le disait hautement. Profil capricieux, minois chiffonné, front bombé accusant l'intelligence dont pétillaient ses yeux bleus et grands, doux et fins. Son nez délicat était arqué légèrement à l'inverse du nez aquilin cher aux classiques. Sur des lèvres bien épanouies s'épanouissait un sourire tantôt sérieux, tantôt mutin, toujours charmant.

Elle n'était petite ni grande, parfaitement prise dans sa taille, remarquablement gracieuse.

Son teint éblouissant était sa principale beauté ; on le citait comme incomparable. Et son ondoyante chevelure châtain clair encadrait à merveille l'ovale incorrect, mais ravissant, d'un visage franc, ouvert et pourtant malicieux au point d'intimider parfois l'intrépide Dufresny.

A la vérité, sa fossette de la joue droite ne correspondait qu'à celle du menton, qui s'effaçait dès qu'un mouvement de gaieté creusait la première. Ceci eût fait le désespoir d'un peintre de portraits. L'une éclipsait l'autre. Jamais elles n'étaient visibles en même temps.

Dufresny, qu'on n'intimidait pas tous les jours, appelait celle-ci *la plaisante*, celle-là *la sévère*, allusion à un vers de Boileau-Despréaux, badinage d'ami de la maison, propos d'amoureux peut-être.

Eh bien, invraisemblable phénomène, les bonnes langues de la petite ville de Morlaix n'en jasèrent aucunement. Non ! pas une médisance inconvenante, pas un commérage, pas un propos fâcheux ; et cela, quoique la boutique d'épicerie du rez-de-chaussée fût occupée par les trois sœurs Kyrie, vulgairement les *Kyrielles*, ci-devant les trois Grâces, présentement les trois maigres, un perpétuel cancan en trois personnes. Dieu sait pourtant ce que faisaient et défaisaient de mariages ou même de réputations Mlles Aglaé, Phrosine et Mélie ! Dieu sait combien de chapitres inédits leur devait la chronique de l'arrondissement !

— Mais, disait Phrosine, M. Dufresny n'était qu'un oiseau ou plutôt un papillon de passage, sans autre avenir que son épaulette. Tout Morlaix savait que ses parents, à leur mort, ne lui avaient laissé que tout juste de quoi désintéresser leurs créanciers.

— Ne me parlez pas des marins, ajoutait Aglaé ; ils ont leur cœur un peu partout et ne se marient nulle part.

— Du reste, fit Mélie, celui-ci a de l'ambition, à preuve qu'il a tourné dare-dare au drapeau blanc dès le retour du roi. Il est reçu dans la vieille noblesse.

— Il écrit maintenant son nom en deux mots: du Fresny ; on prétend que, dans la rue Saint-Melaine, il s'intitule vicomte.

— Un officier de l'empire, quelle horreur ! s'écria Mélie.

— Il vise maintenant à la main de quelque riche veuve entichée de blason, et ne pense pas plus à Philiberte qu'à toi.

— Merci, ma sœur, dit aigrement Mélie qui n'avait pas perdu toute prétention.

— Calme-toi, reprit Phrosine, Aglaé n'a voulu dire qu'une chose, c'est que M. le vicomte se mésallierait en épousant la nièce d'un vieux bleu comme Balafrot, dont il ne partage aucune des opinions.

— Comment ne sont-ils pas brouillés ? C'est inconcevable !

Les Kyrielles ne pardonnaient pas à Mmes Destournelles et à sa fille la considération générale dont jouissait leur honorable pauvreté. Quand mourut le père de famille, elles s'apitoyèrent un moment ; quand Balafrot fut mis en demi-solde, elles ne purent se contenir :

— On avait grand tort, disait le charitable trio, de faire état de bourgeoises, de porter chapeau, d'avoir une petite bonne à trois francs par mois, nourrie, logée, blanchie, quand on devrait être chez les autres.

— Pourquoi mademoiselle ne se placerait-elle pas comme femme de chambre ?

— Pourquoi madame ne se mettrait-elle pas résolûment derrière un comptoir ?

— Pourquoi garder un appartement qui, malgré toutes les charités de M. Tardif, représentait bien soixante écus et un jardin à deux *kombots*.

Les goûts ridicules et dispendieux de Philiberte ne pouvaient être épargnés :

— Une ouvrière en lingerie se faire collectionneuse d'antiquailles ! se permettre de cultiver des plantes exotiques, oser convertir sa grotte artificielle en serre au moyen d'une porte vitrée exposée en plein midi, et faire grimper des lianes du Brésil autour du bras de son magot de la Chine.

— Espère-t-elle, demandait Mélie, que ce bras fasse un miracle pour ses beaux yeux ?

— On se console comme on peut de coiffer sainte Catherine, dit bravement Aglaé.

Mélie étouffa un soupir ; Phrosine ajouta :

— Au fait, ce n'est pas sa grotte de Saint-Jacques qui lui fera trouver un mari. Les galants d'aujourd'hui veulent d'autres coquilles.

Aussi, un damoiseau ambitieux, intéressé, cupide comme le joli vicomte avait beau se montrer aux petits soins pour Philiberte, il ne songeait guère à l'épouser.

Mais, encore une fois, comment pas le moindre nuage entre le jeune officier entaché de royalisme et le vétéran de la grande armée, mis à pied par Louis XVIII ?

Aglaé Kyrio eut l'audace d'adresser cette question à Mme Destournelles en personne :

— Voudriez-vous donc, ma chère voisine, nous voir fâchés avec notre meilleur ami ? dit l'excellente dame en souriant.

Philiberte ne souriait point, elle. Sa fossette badine avait disparu ; la sérieuse, la grave, celle du menton, paraissait seule, quand elle ajouta vivement :

— Mon oncle a été le premier à conseiller à M. Dufresny de se rallier sans réserve au gouvernement du roi.

— Pas possible ! Incroyable ! Vraiment ? s'écrièrent simultanément les trois Kyrielles.

— La France, mon ami, est toujours la France, lui disait mon frère, reprit la mère de Philiberte. Tu as le double bonheur d'être jeune et de servir dans une arme où l'on peut se distinguer en temps de paix. Voyages d'exploration, études scientifiques, sauvetages, voilà de nobles travaux. C'est une belle mission que de protéger sur toutes les mers notre commerce renaissant. Va donc, navigue, pioche ferme et sers bien ton pays !

— Quoi ! c'est ainsi qu'ils se sont quittés, chère dame, au moment où monsieur votre frère avait le malheur de perdre sa place !

Philiberte ne put s'empêcher d'ajouter :

— Et c'est une des causes entre mille pour lesquelles ils sont meilleurs amis que jamais !

Les trois vieilles filles n'avaient plus mot à souffler. La malicieuse Philiberte les vit si contristées de leur échec qu'elle en sourit de son plus malicieux sourire. Plus de vestige de la grave fossette du menton, la plaisante creusait trop gentiment sa joue droite. Mais à peine

Aglaé, Phrosine et Mélia furent-elles redescendues en leur boutique, que la fossette maligne devint imperceptible ; seule la sérieuse reparut, car la plus noble des émotions faisait battre le cœur de la jeune fille.

Elle se récitait la lettre suivante, reçue de Brest moins de huit jours après les adieux de Dufresny à son oncle :

« Mon vieil ami,

« Je suis embarqué, grâce au ciel, et à la veille de partir pour les Antilles françaises, où nous allons faire arborer le pavillon du roi. Vous êtes démonté de votre commandement et vous risquez, par le fait, vous et les vôtres, de vous trouver, avant peu, dans l'embarras. Or je suis casé, je n'ai plus besoin de rien et je me trouve à la tête de deux mille francs, partie d'économies, partie d'avances de campagne ; je vous les envoie ci-inclus.

« Vous ne me les rendrez que si vous le pouvez.

« Ceci entre nous ; pas un mot à ces dames, mais tous mes compliments les plus affectueux.

« A vous de cœur.
« DUFRESNY. »

— Pas un mot à ces dames ! non, mille fois non ! s'était écrié le vétéran en présentant la lettre ouverte à sa sœur, qui la lut à haute voix.

Des larmes de reconnaissance baignaient les paupières de Philiberte.

— Que Dieu le protége ! dit le vieil officier, tandis que sa sœur et sa nièce, les mains jointes, levaient les yeux au ciel ; mais, mille tonnerres ! il faudra que l'herbe soit bien courte pour que nous touchions à ce dépôt sacré !

— Assurément, fit Mme Destournelles.

— Deux mille francs, tout ce qu'il possède ! Et encore une partie, étant avance de solde, n'est pas acquise par conséquent. La paix, qui a du bon, va faire reprendre les armements de commerce. L'excellent M. Tardif ne me refusera pas une place de commis. J'ai été fourrier et sergent-major autrefois ; il me reste une écriture magnifique. Allons, allons, ma sœur, du courage ! la misère n'est pas toujours à la porte des honnêtes gens !... Mais ce qu'on n'y trouve guère, c'est des amis d'en deçà la bourse comme ce brave garçon !

Or, après les bavardages des trois Kyrielles, au souvenir de cette scène, la fossette sévère reparaissait toute seule, et Philiberte soupirait :

— Ah ! pensait-elle, pourquoi ma mère et mon oncle ont-ils juré de m'empêcher de faire un mariage d'inclination !...

Mais, à dix-neuf ans, la pensée passe volontiers du grave au doux, du touchant au badin. Les aimables propos de Dufresny n'étaient pas oubliés ; et, dans la grotte où Guichavoa venait d'installer le bras et la tablette de pierre retirés de la vase, Philiberte, tout en travaillant, se complaisait de sorte que bien souvent en sa joue droite se dessinait finement la fossette de la gaieté.

III

PANTOMIME ENCOURAGEANTE

Vers la fin de mars 1815, lorsque le capitaine Balafrot reprit avec bonheur son poste de vedette dans le château fort de la rade, en vertu de la grande loi de bascule, Dufresny était à demi disgracié.

Son tort, on le devine, était l'empressement avec lequel il s'était rangé sous le drapeau blanc après la première chute de l'empire. Ses chefs, tout heureux de signer l'acte additionnel, lui témoignèrent tant de froideur qu'il trouva bon de solliciter un congé, et meilleur de venir le passer aux lieux embellis par la présence de Philiberte.

Ses deux mille francs étaient intacts, il les reprit simplement comme il les avait offerts.

Et au bout de quelques jours les sœurs Kyrio eurent le plaisir de pouvoir le traiter entre elles de cupide et d'avare, ne visant qu'à l'argent.

Aglaé avait surpris une longue conversation du jeune officier avec M. Tardif.

— J'étais derrière la tonnelle, je n'ai pas bougé !

— Naturellement. Et tu n'as pas perdu un mot ?

— Rien. Il voulait persuader à notre propriétaire d'armer en course son brig *l'Active*, pour en avoir le commandement et faire des prises sur les Anglais.

— Vicomte sous le roi, aventurier sous l'empereur, girouette, va ! fit Mélie avec dédain.

— Affaire d'or en ce moment, à l'en croire. Il y a dehors des milliers de navires richement chargés où l'on ne se doute pas de la rupture de la paix.

— M. Tardif ne le sait que trop, dit Phrosine, lui qui a au large cinq bâtiments de bonne prise pour les Anglais.

— M. Dufresny faisait valoir cette déplorable circonstance. Par compensation, prenons des Anglais, lui disait-il. Un simple coup de filet dans la Manche, je préviens votre ruine, je double votre fortune et je fais la mienne.

— Nous y sommes, de l'argent !...

— Mais M. Tardif n'a pas entendu de cette oreille.

— Cela se comprend.

— Aussitôt le beau vicomte, qui veut absolument battre monnaie, lui a soumis une autre combinaison.

— Quoi donc ?

— Une entreprise de pêche côtière montée sur une grande échelle, à laquelle, tant que durera le blocus des côtes, on emploierait toutes les chaloupes des navires désarmés et tous les matelots sans ouvrage. Il se proposait, comme de raison, pour diriger en chef cette grosse affaire, expédier le poisson à Paris et réaliser un bénéfice de vingt pour cent...

— Ah ! ah ! M. le vicomte poissonnier !...

— Et qu'a répondu M. Tardif ?

— Je n'en sais rien, mes sœurs, car ils se sont pris le bras et sont descendus sur le quai.

Les Kyrielles ignorèrent donc que l'armateur, tout bien considéré, avait repoussé le projet au grand dépit du lieutenant de vaisseau.

— Si je pouvais avec *l'Active* faire sur les Anglais une bonne prise qui serait la dot de Philiberte ! s'était dit Dufresny le matin en se réveillant.

Mais, sa démarche première ayant échoué, considérant qu'avec une simple chaloupe il y avait encore un joli coup de main à tenter, Dufresny prit un biais. Vaine ruse ! la proposition d'organiser le monopole de la pêche échoua aussi :

— Ne t'attends qu'à toi seul ! se dit-il bientôt

après. Allons ! quitte ou double ! Avec mes deux mille francs j'achète, j'arme et j'approvisionne la barque. Je l'équipe de lurons choisis ; je la monte, et au petit bonheur !

Après deux grands mois de préparatifs secrets, au dernier moment, le petit bonheur fit défaut dans les eaux de la citadelle trop vigilante que commandait l'ami Balafrot.

— Mes deux mille francs croqués en pure perte, plus de course, plus de prise, plus de mariage !... Et tout cela par la faute du bon oncle !...

Les quatorze marins, engagés à la part pour l'aventure, soupaient mélancoliquement dans leur barque. Ils regrettaient l'occasion, ils étaient contrariés ; mais leur déception ne peut être comparée à celle de l'amoureux Dufresny, qui, ne tenant aucun compte de l'incertitude du succès, accusait Balafrot de faire le malheur de sa nièce :

— J'aime Philiberte ! Elle m'aime aussi ! Je le sens, et il faut qu'au nom de sa consigne cet enragé grognard rende notre union impossible !

Ce fut en maugréant ainsi que le jeune officier pénétra dans la salle à manger, où Guichavoa l'attendait impatiemment :

— Capitaine, un mot, s'il vous plaît !

— Au diable ! fit Dufresny sans prendre garde à ses signes mystérieux.

— Ecoutez-moi donc, je vous prie.

— Que me veux-tu enfin ? parle, riposta l'officier avec colère.

— Plus bas, capitaine ! La course, ça me connaît !

— Qu'importe, puisqu'il est trop tard !

— Non ! du moment que vos hommes sont à leur poste.

— Explique-toi.

L'inopportune furie de Dufresny lui avait fait perdre des minutes mille fois précieuses.

— Chut ! fit le matelot.

Le grognard entrait toujours riant :

— Peste ! quel jarret ! disait-il. Allons, à table ! Rien ne te presse plus. Et ce soir, à mer montante, tu me feras le plaisir de retourner tranquillement en rivière...

— Tranquillement ! Bien obligé, riposta Dufresny de mauvaise grâce.

Guichavoa, placé derrière le vétéran, joignit éloquemment les mains :

— Du calme donc! semblait-il dire ; patience, je vous en supplie.

Une télégraphie non moins burlesque que persuasive commençait de la sorte, tandis que Balafret disait bonnement :

— Ah çà, mon cher ami, voudrais-tu m'obliger à te constituer mon prisonnier ? ou aurais-tu envie de te faire couler par mon canon ?... Causons donc raisonnablement.

Dufresny accepta du potage.

Guichavoa se démenait de plus belle :

— Comptez sur moi ! disait sa main posée sur son cœur. Mais riez donc, continuait une grimace bouffonne. Trinquez avec le vieux, laissez-le dire, nous lui ferons un pied de nez.

Guichavoa tirait la langue et montrait le poing, comme pour menacer les Anglais. Jamais Panurge ni Débureau ne firent contorsions plus expressives. Cette pantomime, en fin de compte, eut le don de dérider Dufresny.

— Tranquillisez-vous ! Ce sera drôle ! Il y a chance ! Je m'y connais ! faisait silencieusement le matelot, tout en servant et en versant à boire.

Le jeune officier de marine accepta, dès lors, sans broncher les coups de boutoir et les railleries, les remontrances, le souper et les vins fins de son vieil ami.

Et cependant, circonstance doublement défavorable pour toute sorte de ruse, on était dans les longs jours et il devait, cette nuit, faire clair de lune.

— Pauvre cerveau brûlé que tu es ! disait paternellement l'oncle de Philiberte, la Manche fourmille de croiseurs anglais. Nous en voyons sans cesse au large.

Guichavoa haussait les épaules.

— Tu me diras qu'il en était ainsi déjà du

temps des corsaires de Saint-Malo, de Roscoff et même de Morlaix. Mais as-tu des lettres de marque, un rôle d'équipage, des expéditions régulières ?... Non ! Eh bien, si tu te faisais prendre, tu serais pendu comme pirate.

— Oh ! pour ça, non ! interrompit Dufresny. A l'égard des Anglais, mes précautions étaient prises.

Guichavoa fit un geste de désespoir.

— Ayez donc l'air de lui donner raison ! répétait toute sa physionomie.

— Déserteur ici, pirate là-bas ! Joli petit projet !

— Je suis en congé régulier, et j'ai sur moi...

Guichavoa, payant d'audace, osa prendre la parole :

— Ah ! mon commandant, comme vous avez raison ! s'écria-t-il. Les Anglais ne se gênent guère pour pendre les corsaires qui ne sont pas bien en règle. Ça me connaît.

— Ah ! ah ! tout te connaît ! s'écria Balafrot trinquant. A ta santé, Dufresny ! Drôle de corps que ce garçon-ci. Franchement, il est bon à tout faire. Voyons, aurais-tu, par hasard, eu la corde au cou ?

— Oui, mon commandant, à bord d'une frégate anglaise, étant corsaire sur une péniche de Roscoff.

— Raconte-nous ça, mon garçon, afin de

donner à réfléchir à M. le lieutenant de vaisseau de la marine impériale.

Guichavoa, qui venait de servir le café, passa la langue sur ses lèvres, arrondit les bras, et abondant dans le sens du commandant :

— Notre capitaine, qui était un braque, dit-il, avait oublié tous les papiers dans la chambre de sa femme. Le matin, au petit jour, temps de brume, on nous signale un gros navire encalminé sous le vent de l'île de Batz. Pousse de terre ! Nous courons droit dessus pensant que c'était un trois-mâts de la compagnie des Indes; aïe, aïe, frégate anglaise !...

Le vétéran éclata de rire.

— Vous vous jetiez dans le piége, comme des nigauds. La belle aventure ! Avis à toi, mon petit Dufresny : le brouillard est trompeur...

Guichavoa se prit à rire aussi, et profitant de l'interruption, passa derrière Balafrot pour secouer en l'air une serviette en signe de victoire certaine; puis, continuant son improvisation :

— Je ris maintenant, mais je vous réponds que je ne riais pas quand, faute d'expéditions en règle, on nous mit en rangs pour être pendus à bout de vergues.

— Entends-tu, Dufresny ? s'écria Balafrot de plus en plus goguenard.

Mais la cloche du fort ayant signalé l'entrée en rade de quelque navire, il se leva de table et sortit en disant à Dufresny :

— Allons voir !

— Je vous suis, répondit l'officier de marine, que Guichavoa se permit d'arrêter au passage pour lui mettre deux bouteilles sous les bras, avant d'en prendre aussitôt deux autres.

IV

AVENTURES DE MER

Le navire signalé, bien qu'assez rapproché déjà, n'était que peu visible. On n'apercevait distinctement que ses voiles hautes et les flèches de ses mâts. Car, tandis que Balafrot forçait Dufresny à partager son souper, le brouillard s'était graduellement étendu au ras des eaux, sur les îlots et les rochers de la rade.

Guichavoa l'avait prévu.

La chaleur du jour, la fraîcheur du soir, la direction du vent et les brumes des nuits précédentes lui faisaient espérer cette circonstance favorable. Tout en allant et venant pour le service de table, il avait eu la satisfaction de voir que son attente se réalisait.

Que fallait-il de plus ? Avant l'heure de hausser le pont-levis, un incident qui éloignât Balafrot. Il cherchait le meilleur moyen ; à la rigueur, il eût osé toucher à la cloche ; un heureux hasard fit mieux : l'arrivée d'un navire attirait le commandant sur la plate-forme.

— Brume à fleur d'eau, mon capitaine ! put enfin dire le matelot.

Et ses bouteilles sous les bras, Dufresny, transporté de joie, descendit rapidement.

— C'est pour rafraîchir les camarades ! dit Guichavoa au portier-consigne.

— Toujours excellent homme, notre commandant, fit ce dernier. Il veut que les pauvres diables boivent un coup à sa santé.

Le factionnaire du poste d'entrée trouva que le portier parlait bien. Dufresny et Guichavoa sautaient dans la barque, aussitôt démarrée sans bruit et noyée dans le brouillard.

Cependant Balafrot éprouvait une vive satisfaction. Au grand mât, pavillon de l'arrondissement ; au mât de misaine, flamme bleue au croissant blanc, marque particulière des bâtiments de la maison Tardif.

Le navire, bien piloté, rangea le fort. On l'interrogea. Il répondit qu'il venait d'échapper à la poursuite d'un croiseur anglais.

— Bravo ! bravissimo ! s'écria le grognard, qui, se retournant, fut surpris de ne pas voir Dufresny à ses côtés.

Il se dirige vers la salle à manger pour y porter la bonne nouvelle. Il n'y voit point son jeune et bouillant ami : c'est bizarre. Il appelle Guichavoa : silence profond, vague inquiétude, soupçon soudain, trop tôt justifié.

Le portier-consigne, consterné, vient faire son rapport. L'heure de relever le pont-levis est venue, il demande des ordres.

— Oui, mille diables, fermez ! fermez ! Il est bien temps quand les étourneaux ont pris leur vol !

Balafrot est hors de lui :

— Guichavoa déserter mon service ! Dufresny me jouer un pareil tour ! Et pour comble de mystification, je lui conseillais de se défier du brouillard, quand il songeait à en profiter !

Violation de consigne, détournement d'un serviteur précieux, grande colère; folle escapade, témérité absurde, catastrophe probable, inquiétude trop légitime.

Après avoir tempêté militairement, le brave Hervé Plourin gémit. De la nuit il ne parvint à dormir.

Dufresny gouvernait droit au nord, sous toutes voiles. La brise était ronde, la mer belle.

Guichavoa faisait à ses nouveaux camarades les honneurs des quatre bouteilles de vin. Le brouillard protecteur ne régnait plus au large ; et le clair de lune permettant de consulter la boussole sans allumer de fanal, aucun feu ne trahirait la présence d'une barque.

Dufresny, pour partager ses gens en trois quarts qui veilleraient alternativement, en fit tout d'abord l'appel. Bernez, Divy, Mazin et Ropartz formèrent l'escouade de maître Banéat, pilote de profession, second à bord de la chaloupe. Pichenez, Hélar, Derrien, Yves et Tanguy Rivoal composaient la petite bordée de Dufresny lui-même. Les quatre frères Caradec, qu'on distinguait entre eux par des sobriquets, furent dévolus à Guichavoa, investi sur l'heure des doubles fonctions de maître d'équipage et de commis aux vivres.

— Nous n'avons pas trop de provisions, qu'on les ménage! dit le jeune officier.

— Soyez calme, capitaine, ça me connaît.

Considérant que, sur les côtes de Bretagne, tout était obstacle, la vigilance plus grande des croiseurs ennemis, le nombre bien moindre des bâtiments de commerce anglais qui ne manquaient point d'aller reconnaître l'Irlande ou le cap Lézard, et enfin l'intolérance des autorités françaises, Dufresny avait résolu d'opérer dans les eaux britanniques. Maître Banéat était dans la confidence du petit plan de campagne combiné avec un mélange égal de ruses et de témérité. Guichavoa, le devinant d'après la route qu'on tenait, dit gaiement :

— En fait de pêche, pour avoir la main heureuse, faut aller où il y a le plus de poisson!

A défaut d'expéditions régulièrement visées et contrôlées, Dufresny était porteur de son brevet de lieutenant de vaisseau et d'une autorisation d'armer une chaloupe en course, due à la complaisance d'un camarade, simple commis au ministère de la marine. Il disposait enfin d'un rôle fort incomplet de barque de pilotage, enregistré au nom du Patron Banéat. Ces pièces, en cas de malheur, suffisaient amplement pour n'être point traités en pirates. Mieux eussent valu des lettres de marque en due forme; mais, disgracié comme il l'était au port de Brest à cause de sa réputation de royaliste, et très-mal noté chez le commissaire de marine de Morlaix, bonapartiste ombrageux, Dufresny n'avait voulu s'exposer ni à un refus péremptoire ni à des tracasseries administratives. De là ses préparatifs secrets, son départ furtif et en partie son projet de franchir la Manche.

De la rade de Morlaix à la pointe de Start, dans le comté de Devon, il n'y a pas moins de trente et quelques lieues marines. C'était là le hic : une douzaine d'heures avant d'être dans les eaux d'Angleterre, où l'on devait, à force d'audace, tromper la surveillance des gardes-côtes.

Dufresny avait une grossière casaque et un bonnet de matelot anglais; il s'en affubla. Ceux des hommes dont le costume se rapprochait de celui des pêcheurs d'outre-Manche furent seuls autorisés à se laisser voir pendant le jour.

Tous les détails analogues une fois prévus,

chacun à son tour dormit tant bien que mal.

Au lever du soleil, on était à moitié chemin. Quatre heures plus tard : « Voiles ! » Les regards avides des seize compagnons d'aventure s'enflammèrent à l'aspect d'un convoi considérable.

Râfler quelque bon gros trois-mâts et, grâce au vent de travers, filer sur Morlaix ! si ça se pouvait !

On apprêtait les armes, chacun visitait les amorces de ses pistolets :

— Sous le prélart ! commanda Dufresny.

Diminuer de toile, aborder pavillon anglais et voir venir était présentement la seule chose à faire. Guichavoa, maître Banéat et le jeune officier, groupés à l'arrière, tenaient conseil. Pichenez, le novice, était seul à l'avant, d'où il faisait part aux gens cachés de ce que l'on apercevait.

Les Anglais, réglant leur marche sur leurs plus lourds manœuvriers, s'avançaient sous l'escorte de deux navires de guerre — mauvaise nouvelle — pas un traînard, pas un imprudent qui se permit de devancer la colonne.

Ainsi un très-bon marcheur évidemment, tant il rendait de toile à ses conserves, un magnifique navire tel que le rêvaient les corsaires se tenait docilement vers la queue, sous la protection du convoyeur d'arrière-garde. Dufresny et Banéat, Guichavoa et Pichenez le dévoraient des yeux. C'était, à n'en pas douter, un petit vaisseau de la compagnie, car il portait deux canons pour se défendre contre les pirates de l'Indo-Chine. Riche cargaison, à coup sûr. Joli morceau à croquer. Impossible, hélas! de tenter aucune surprise.

Dufresny fit un geste de dépit en songeant à Philiberte, dont il avait donné le nom à sa chaloupe.

Maître Banéat lâcha un gros juron de regret et Guichavoa un gros soupir qui, répété par Pichenez, eut de l'écho sous le prélart. Autant en emporta le vent de l'ouest, qui fraîchissait.

Pour prévenir tout soupçon et en même temps pour mieux voir, on n'avait pas changé de route. On se rapprochait ainsi du convoi, au point que Dufresny put lire à l'œil nu, sur le tableau de poupe du trois-mâts, le nom presque ironique de *Fortuné*.

— Bien fortuné en effet, puisqu'il nous échappe! murmura le jeune officier, qui fit saluer du pavillon et ôta son bonnet, en passant à ranger le dernier convoyeur.

Le capitaine de ce navire daigna soulever sa coiffure militaire pour répondre aux bons et honnêtes pêcheurs qu'il dépassait :

— Sur ma foi de Breton, fit maître Banéat, il nous rendrait un tout autre salut, s'il devinait qui nous sommes.

— Et il n'y aurait plus de quoi rire, ajouta Guichavoa, ne riant qu'à moitié.

La flotte marchande tenait la route du Pas-de-Calais. Tout à coup, après l'échange de quelques signaux, un groupe d'une vingtaine de bâtiments s'en sépara pour gouverner au nord. Le *Fortuned*, qui en faisait partie, tira trois coups de canon, en signe de remerciment et d'adieu.

Ces navires se trouvaient à la hauteur de leurs ports de destination ; les uns se rendaient à Plymouth, les autres à Darmouth, à Newton, au bas de l'Ex ou dans les havres voisins. La pointe Start était en vue.

La Philiberte, qui n'avait cessé de gouverner au nord, tangua un instant dans le sillage du *Fortuned*.

— Il semble se moquer de nous, s'écria Dufresny avec colère ; ah ! si nous pouvions l'accoster !...

Mais le trois-mâts, qui filait neuf ou dix nœuds, avait une vitesse double de celle de la chaloupe. Deux heures plus tard il disparut sous l'horizon, d'où surgissait un sloop de guerre.

Celui-ci était un garde-côtes, armé de quelques pièces légères, et dont l'équipage devait être d'environ quarante hommes. Il gouverna sur *la Philiberte*, qui n'eut garde de dévier.

— Parés à tout ! mais silence et immobiles ! commanda Dufresny frémissant.

— Il n'y a pas gras, murmura Guichavoa désappointé, bien que pareille rencontre fût dans le programme.

En supposant, chose à peu près impossible, que les seize Français enlevassent par surprise un ennemi de cette force, sa capture, cruellement achetée, n'aurait satisfait aucun d'eux. Chacun sous le prélart, pistolets à la ceinture, hache en main, sabre au côté, prêtait l'oreille avec inquiétude.

Dufresny, cependant, répondait à l'interrogatoire de l'Anglais avec l'accent et le ton d'un pêcheur las d'être ainsi questionné sans cesse.

— *All's well!* (tout va bien!) dit, pour clore le colloque, l'officier du sloop, qui s'éloigna rapidement.

Autre malencontre : la mer ayant grossi, l'on essuya coup sur coup plusieurs grains formidables. Les gibernes, la poudre, les armes à feu durent avant tout et par-dessus tout être mises à l'abri. On les enveloppa dans le prélart; mais les hommes restaient ainsi tous à découvert, danger de guerre non moins sérieux que ceux de la bourrasque.

Le jour baissait; à travers la pluie, une frégate carguant ses voiles fut entrevue à très-petite distance.

— Amène tout en pagaie! commanda Dufresny.

Banéat et Guichavoa larguèrent en grand les

drisses et les écoutes des voiles, qui coiffèrent leurs compagnons accroupis sous les bancs, et qui pouvaient à bon droit craindre qu'un boulet de gros calibre n'achevât de submerger leur barque.

Dufresny, jouant le rôle d'un patron au désespoir criait au secours. L'entendit-on à bord de la frégate ? On vit au moins trois pauvres diables de mariniers se débattant, se démenant, faisant des signes de détresse.

La frégate, fort empêchée de porter aide à qui que ce fût, eut le bonheur de doubler la pointe à l'ouest ; Dufresny se portant à l'est, cessa d'être visible pour elle et se trouva relativement abrité.

— Va bien ! fit Guichavoa, encore une coque de parée ; ça donne confiance.

Pichenez vidait l'eau, Banéat gouvernait, dix bons rameurs souquaient sur les avirons, Guichavoa sondait. On avait serré les voiles ; on parait le grappin, qui fut enfin jeté dans une crique, au milieu d'une obscurité profonde.

Quand les nuages, moins épais, laissèrent passer un rayon de lune, Banéat, qui était de quart, réveilla brusquement Dufresny ; on se trouvait sous le canon d'un petit fort. Lever le grappin sans bruit et se laisser dériver au gré des courants fut immédiatement résolu. Dufresny, Banéat et Guichavoa, tout comme les autres, s'étendirent au fond de la chaloupe.

Un factionnaire anglais les héla, tira dessus, n'atteignit personne, mais appela son caporal, qui, dans sa haute sagesse, jugea que c'était un bateau de pêche abandonné ; on n'essuya pas d'autre feu.

— C'est pour le coup que nous avons de la chance ! s'écria Guichavoa quand on fut hors de portée de canon ; ça va si bien que je ne donnerais pas ma part de prises pour cent écus de six livres.

Au point du jour, voiles au vent, on passait sans broncher tout près des deux menaçantes citadelles de Darmouth. Et les péripéties qui se succédèrent durant les douze ou quinze heures suivantes ne furent pas moins alarmantes que celles de la veille.

L'audacieuse présence d'esprit de Dufresny, l'énergique sang-froid du pilote Banéat et l'entrain de Guichavoa ne se démentirent pas un instant. La bonne volonté de l'équipage résista aux plus dures épreuves.

Brise fraîche, mer assez dure, parages trop fréquentés. Pour saisir une occasion, il fallait pourtant ne pas s'éloigner de terre ; on louvoyait. Courir ainsi des bordées avec une troupe de gens à tenir cachés présentait des difficultés infinies. Les dangers se multipliaient.

— Bah ! c'est le métier, ça me connaît, disait Guichavoa d'un ton triomphant et bouffon.

Passé Newton, on se trouva vis-à-vis de la Fancy, jolie rivière où, du large, on apercevait une véritable forêt de mâts. Dufresny s'y engagea résolûment.

— Bon ! nous voici enfin sur les fonds de pêche, fit Guichavoa en se frottant les mains.

Les Rivoal, les Caradec et consorts étaient moulus. Toujours blottis au fond de la barque, empilés sous les bancs, à demi dans l'eau, ils avaient grande hâte d'en finir avec leur supplice.

— Encore une minute de patience, leur dit Dufresny, étouffant un rugissement de joie.

Il venait de reconnaître le *Fortuned*, amarré à quelques brasses du rivage, où l'on entendait le son des violons.

On y dansait. Avant de commencer le déchargement, les équipages arrivés de la veille fêtaient leur retour à bon port. Foule de femmes, de jeunes filles, de riverains couvraient la berge. Dans tous les cabarets, grands festins. Il ne restait à bord qu'un nombre insignifiant de matelots chargés de veiller aux amarres.

— Pas d'inutile effusion de sang, mais tout en double. Et maintenant, debout ! commanda Dufresny, qui avait eu soin de donner à l'avance des instructions très-précises.

— A notre tour de les faire danser ! s'écria Guichavoa en s'accrochant au gréement du beaupré.

Les quatre Caradec le suivaient. Ils avaient ordre de couper les amarres de l'avant, de larguer et de hisser le foc. Maître Bandat, Bernez, Divy, Marzin et Ropartz grimpèrent par le travers de bâbord, sabre en main, pour balayer le pont.

Dufresny et le reste de la troupe envahissaient l'arrière, s'emparaient du gouvernail et hachaient les amarres de retenue.

Les matelots du bord, épouvantés à bon droit, s'élançaient à l'eau en criant au secours.

Pichenez, le novice, monté le dernier avec un gros sac retiré de *la Philiberte*, qu'on abandonnait aux courants, était aux prises avec le seul individu qui opposât résistance.

Sur la berge on hurlait. Les violons s'étaient tus. Matelots et riverains anglais accouraient menaçants.

Le foc et le petit hunier, établis avec une promptitude magique, firent pivoter le *Fortuned*, dont la poupe frôlait le rivage. Dufresny, Hélar, Derrien et les deux Rivoal, pistolet au poing, tinrent en respect quelques marins sans armes, prêts à tenter un contre-abordage par l'arrière. Les plus téméraires, accrochés à des cordes traînantes, se virent bientôt contraints de tout lâcher.

Avant qu'on eût apporté des fusils et démarré les barques, le *Fortuned*, toutes voiles dessus, était hors d'atteinte. Quelques balles sifflèrent aux oreilles des corsaires. Dufresny fut décoiffé. La veste de Guichavoa fut trouée.

— Enlevée la pesée ! dit-il gaiement ; pas un blessé, pas une avarie !

Cependant Pichenez, infortuné novice, les yeux pochés par deux vigoureux coups de poing, roulait aux pieds du jeune capitaine, jusque-là tout entier à la manœuvre. Armant un pistolet, il dit en anglais au forcené boxeur :

— Calmez-vous, de grâce, monsieur, ou vous m'obligeriez à faire feu !

— Oh ! très-bien ! Je suis toujours calme, moi ! fit l'Anglais, grand et maigre gentleman d'une cinquantaine d'années, entièrement vêtu de noir, cravaté de blanc, rasé de frais, irréprochable tenue d'homme d'une condition supérieure. Mais ce petit garçon voulait me jeter à l'eau, et moi, je ne veux pas sortir du navire.

— Ne sauriez-vous point nager ? demanda le jeune officier d'un ton poli.

— Moi ! je nage mieux qu'un saumon.

— Eh bien, monsieur, pour éviter l'ennui d'être prisonnier, jetez-vous à la mer ; ces canots vous recueilleront...

— Abomination ! Jamais ! jamais ! interrompit le gentleman.

— Comme il vous plaira, monsieur ! mais plus de boxe, je vous en prie. Résignez-vous en galant homme à la fortune de guerre que vous préférez, dit posément Dufresny, convaincu d'avoir affaire à un excentrique.

Il ne s'y trompait point. Depuis vingt ans et plus, Elnorius Tought, membre perpétuel de l'Athénée des rudiments, passait à bon droit pour l'un des plus grands originaux des trois royaumes.

Maître Banéat, ardemment secondé, rectifiait la voilure. Le pavillon anglais flottait à l'arrière. Guichavoa gouvernait d'après les ordres du capitaine, qui voulait, avant tout, se mettre hors de portée des canons de Newton, de Darmouth et des forts de Start.

Ces points essentiels une fois réglés, le jeune officier se mit en devoir d'inspecter l'intérieur du navire et d'en évaluer la cargaison. Elnorius Tought, calme, triste, le suivait avec une sollicitude attentive.

— Ils voulaient danser! pensait-il amèrement, et ils ont compromis la science rudimentale! Mais, moi, homme fort, j'ai eu la sagesse de résister aux instances de Mme Tought; j'ai refusé de coucher dans mon château, et si je suis accablé par la mauvaise destinée, j'ai du moins la consolation de n'être pas séparé du fruit de mes travaux.

En soupirant de la sorte, il descendait dans la cale, dont le contenu répondait largement aux convoitises des corsaires. Le *Fortuned* portait une valeur de deux millions au moins en thé, vernis, épices, porcelaines, étoffes et tissus de l'Indo-Chine.

Près de l'emplanture du grand mât, dans un compartiment protégé par d'épais remparts d'étoupe, se trouvaient accorées plusieurs grosses caisses, cerclées de fer, et confectionnées avec un soin très-remarquable.

— Que peut bien être ceci ? dit le jeune officier, qui, à peine maître du navire, s'était débarrassé de son déguisement.

— Mon trésor ! s'écria Elnorius avec un accent douloureux. Oh ! monsieur le capitaine, vous êtes un homme distingué, je le vois ; vous défendrez d'y toucher.

— A bord d'une prise, monsieur, répliqua Dufresny, tout appartient au capteur. Vos compatriotes nous le prouvent sans cesse ; c'est la loi de la guerre.

— J'en conviens, dit l'Anglais.

— Par conséquent, monsieur, je dois compte à mes compagnons de ce trésor-ci, comme du reste.

— Assurément ! mais je vous supplie d'attendre mes explications.

— J'espère, monsieur, que vous voudrez bien vous asseoir à ma table et me les donner en y dinant.

Pichenez, le novice, enrôlé à la demi-part pour la cuisine et le service du capitaine, étant hors d'état de remplir ses fonctions, Guichavoa, quoique maître d'équipage, ne crut point déroger en allumant les fourneaux.

A bord, rien ne manquait : eau douce, vins des Canaries, vins du Cap, vivres de campagne, ni même provisions fraîches.

Sur le pont, maître Banéat et ses camarades; dans la dunette, Dufresny et l'intéressant Elnorius Tought, servis par Guichavoa, se mirent en devoir de prendre un bon repas dont chacun avait le plus grand besoin.

V

DU HAUT DE LA PLATE-FORME

Chez M. Tardif, excellentes nouvelles : non-seulement un de ses bâtiments échappait aux croiseurs anglais, mais les autres étaient tous en lieux sûrs et ne s'aventureraient pas au large avant le retour de la paix, infaillible, disait-on, ce qui alarmait singulièrement les bonapartistes.

Déplorables nouvelles, par compensation, chez Mme Destournelles, où les trois sœurs Kyrio se hâtèrent d'annoncer l'escapade inouïe de M. Dufresny et la mystification subie par ce pauvre cher commandant Balafrot.

Le récit fut aigre doux, les commentaires blessants. Philiberte en pâlit, ce que remarquèrent avec une étrange curiosité les trois charitables Kyrielles.

— Dieu ! quel vif intérêt on porte à ce coureur d'aventures.

— Serait-elle éprise de lui ?

— Quoi ! nous ne nous doutions de rien ! Écoutez, mes sœurs, je devine le fin mot !

Quels commérages ! Les deux quais de Morlaix en retentiraient encore si leur durée avait pu être en raison de leur nombre. La boutique d'épicerie ne désemplissait pas.

Philiberte affligée supplia sa mère de la conduire au château du Taureau. Mme Destournelles, fort inquiète aussi, ne pouvait qu'y consentir.

Trois jours après le départ de l'aventureuse chaloupe dont on parlait tant, elles profitèrent de l'embarcation attachée au service du fort, et elles arrivèrent de très-grand matin pour y trouver l'oncle Balafrot dans un état violent. Sa méchante humeur n'ayant fait que croître et embellir, il tempêtait avec une verve désolante :

— S'être joué d'un vieil ami tel que moi ! ne tenir aucun compte de mes conseils ! Partir sans lettres de marque ! Vouloir se faire pendre comme pirate ! Il ne l'aura pas volé ! Brave et cher garçon ! Le meilleur cœur du monde entier ! Mais, au nom du ciel, à quoi bon ?

Les Kyrielles ne s'étaient point posé la même question sans la résoudre. Leur malice avait pénétré le mobile de l'amoureux Dufresny, et Philiberte, de son côté, s'en était aussi rendu compte avec une reconnaissance exaltée.

— Ce qui m'exaspère, ajoutait Balafrot, c'est l'absurdité de son entreprise. Témérité, soit ! mais encore faut-il avoir quelque chance de réussir.

— Mon oncle, murmura Philiberte, pourquoi donc n'en aurait-il aucune ? Dalidar et foule d'autres ont souvent fait de belles captures qu'ils ramenaient à Roscoff.

— Aurait-il pris la lune qu'il ne la rapporterait point !

— Mais pourquoi ?

— Nous ne cessons de voir une diablesse de corvette anglaise qui croise, nuit et jour, entre la pointe de Loquirec et l'île de Batz. Mes soldats l'ont surnommée *la Somnambule*. Elle ne laisse rien passer.

— Cependant, mon oncle, le brig de M. Tardif...

— Eh ! corbleu ! interrompit le vétéran. Piquée au jeu, elle redouble d'activité ! Tenez ! on la signale ! Tout exprès, à cause d'elle, j'ai donné l'ordre de tinter deux coups secs bien distincts, chaque fois qu'elle reparaît.

D'autres coups de cloche, puis un coup de canon retentirent à ces mots. On passa sur la plate-forme, où se trouvaient, parmi les soldats, plusieurs marins de la chaloupe aux approvisionnements, vulgairement dite *poste-aux-choux*.

La Somnambule appuyait la chasse à un autre navire haut mâté, bon marcheur, portant, comme elle, pavillon anglais. Matelots et soldats commentaient le spectacle :

— Deux Anglais! tiens!

— Laisse donc, le gros a de fausses couleurs.

— Possible, mais coupe et voilure anglaise.

— Si c'était une prise de nos corsaires!

— *La Somnambule* n'a tiré qu'à poudre; gare aux boulets maintenant.

— Elle n'est pas à portée.

— Gagne-t-elle?

— A savoir?

Balafrot observait à la longue-vue la joute de vitesse des deux navires et l'appréciait aussi judicieusement que n'importe quel marin de profession.

— Évidemment le gros vaisseau marchand est une prise. Ceux qui le montent voudraient se mettre sous notre protection; mais la maudite corvette leur coupe la route des chenaux. Aurons-nous la douleur de voir de nos yeux reprendre ce malheureux trois-mâts?...

— C'est diablement à craindre! fit le patron de la poste-aux-choux.

— Tiens, ma sœur, voilà, en cavant au mieux, ce qui arriverait à notre cher Dufresny, s'il n'est pas encore pris et pendu!

Philiberte pâlit d'horreur.

Un boulet lancé à toute volée tomba quinze

ou vingt brasses à l'arrière du bâtiment chassé, dont le capitaine, las d'une vaine ruse, arbora décidément pavillon français, et l'appuya d'un coup de canon.

— Prise, c'était clair! dit-on dans la galerie... mais pas en force, par guignon!... Deux pauvres petites pièces à l'avant, des canons de poche... et la corvette vous a du dix-huit!

— Mille milliers de malheurs! s'écriait Balafrot, avoir du trente-six et même deux bonnes pièces de quarante-huit, sans pouvoir s'en servir! Si le vaisseau se rapproche, il est criblé. S'il s'éloigne, il n'a plus de refuge et ne peut manquer d'être pris par d'autres croiseurs anglais!...

Philiberte ne pensait qu'à Dufresny, qui, pour l'amour d'elle, se trouvait peut-être dans quelque situation analogue.

L'intérêt redoubla quand le trois-mâts poursuivi arbora, coup sur coup, à son mât de misaine le pavillon de l'arrondissement et à son mât d'artimon la flamme bleue au croissant blanc, de la maison Tardif et C°.

— Les Tardif, dit un matelot morlaisien, n'ont pas un navire de ce rang.

A la cime du grand mât se déployait la flamme tricolore, signe distinctif des bâtiments de l'État.

— Plus de doute, c'est Dufresny! s'écria Balafrot en trépignant. Tous ces pavois sont à notre adresse. Feu du ciel! misères d'enfer! quel secours veut-il que je lui porte!...

Philiberte défaillante était soutenue par sa mère.

D'un commun accord tous les spectateurs étaient de l'avis du commandant. Le pavillon français à la poupe et celui de l'arrondissement disaient clairement que le navire se déclarait du ressort de Brest; la flamme de l'État indiquait que le capitaine au moins appartenait à la marine impériale; enfin la marque de la maison Tardif devait signifier Morlaix. Et justement l'un des rameurs du poste-aux-choux provenant de l'équipage de *l'Active* se rappelait très-bien que M. Dufresny s'était fait donner par l'armateur une vieille flamme pareille.

Or ce lambeau avec plusieurs pavillons fut dès lors mis dans un sac, dont le novice Pichenez était chargé tout spécialement. Quand on abandonna en dérive la chaloupe *la Philiberte*, il le hissa sur le pont du *Fortuned*, et ne s'en dessaisit que pour se précipiter, fort imprudemment, à l'encontre d'Elnorius Tought, boxeur redoutable, nonobstant sa cravate blanche, son costume de gentleman et sa qualité de membre perpétuel du *Rudimental Athenæum*.

VI

LA POULE ET LES ŒUFS

Tandis que le novice Pichenoz, victime de sa bouillante ardeur, bassinait à l'eau douce ses yeux horriblement pochés, Guichavoa reniflait comme un marsouin aux prises avec une table de logarithmes.

Ce grand connaisseur, qui avait la bonne fortune de connaître la langue anglaise, ne comprenait rien aux explications données par Elnorius Tought au capitaine Dufresny; car l'excentrique gentleman, à propos de ses mystérieuses caisses, dissertait sur le Ramayana, le Mahabarata et les Pouranas.

Guichavoa servit une omelette :

— Quel est l'œuf de l'univers? et quel est le germe de cet œuf? Où découvrir le principe rudimental d'où naissent toutes choses? Voilà, monsieur le capitaine, disait Elnorius, à quelles questions j'ai consacré ma vie, ma fortune, mes voyages, mes études et mes méditations.

— Leur solution, demanda Dufresny, serait-elle dans les caisses de la cale ?

Guichavoa ouvrit de son mieux ses oreilles en cornets de dragée.

— Peut-être ! répondait Elnorius ; mais, poursuivit-il en soupirant, des barbares par leur vandalisme ont plongé mes espérances dans une obscurité navrante. Le symbole que j'ai conquis aux prix d'efforts surhumains n'est pas intact, et ce n'est pas sans douleur que j'ai renoncé à le compléter.

— Je crois deviner, dit Dufresny, que vous rapportez des Indes des monuments scientifiques altérés par l'ignorance.

— Précisément ! Je ne confonds point initial, primordial et rudimental. L'Égyptienne Bouto n'est que matière. Le grand Pan des Grecs jouait de la flûte. Ne s'ensuit-il point que Brahm, l'irrévélé, est esprit et que Maïa, son dédoublement, n'est que la perception des illusions morphéennes ? Me comprenez-vous bien ?

— Comment donc ? dit Dufresny, admirablement !

— Le grand mythe ne serait-il point celui des Phéniciens ? La Nuit, poule noire, ténèbres ailées et fécondes, aurait engendré l'œuf d'où sont sortis l'amour et le genre humain.

— Un verre de votre malvoisie, monsieur le

savant, dit Dufresny, et je me permettrai de renverser la question.

— Quoi ! vous auriez une opinion sur l'origine rudimentale universelle ? A votre santé ! Je me féliciterai, dans mon malheur, d'être prisonnier d'un homme capable de m'entendre !

Guichavoa reniflait de plus belle :

— Si le capitaine Dufresny le comprend, il est diablement malin !

— Non ! la poule n'a pas fait l'œuf, elle en est sortie, dit gravement le jeune officier. Le germe rudimental, pardonnez-moi de l'affirmer, est, a été et sera toujours la même cause première...

— Parlez donc ! s'écria le savant.

— La cause qui m'a fait armer en course et qui nous met en présence, la cause qui a fait sortir le temps de l'éternité, le fini de l'infini, l'univers du chaos, et non pas seulement le genre humain, mais tous les mondes et toutes les myriades de mondes, de l'œuf dont vous me faites l'honneur de me parler.

Elnorius haletait, Guichavoa reniflait, Dufresny reprit haleine ; puis d'un ton posé :

— J'ai, dit-il, un vieil ami qu'on a surnommé *Balafrot*.

— Ah ! fit l'Anglais.

— Cet ami a une nièce adorable, mais sans fortune, qui s'appelle Philiberte.

— Hein ? murmura Elnorius.

— Sa mère n'a point de dot à lui donner, et moi je voudrais lui en offrir une ; comprenez-vous ?

— Pas très-bien ! mais j'écoute.

— Quoi ! s'écria Dufresny avec feu, vous avez étudié tous les mythes, vous avez fouillé l'Égypte, l'Asie Mineure et les Indes, vous cherchez le rudiment universel, et vous ne comprenez pas ?...

— Pardon, je suis en extase.

— Vous avez à grands frais parcouru le monde, remonté le Gange, acquis des manuscrits indéchiffrables, des tables de pierre, des emblèmes symboliques, et cela au risque de la vie bien souvent.

— Oui, monsieur le capitaine.

— Eh bien, le germe rudimental, je vous le déclare, c'est l'amour... Remplis nos verres, Guichavoa.

— L'amour ! répéta Elnorius Tought frémissant.

— Oui, monsieur le savant, Pan et sa flûte Bouto, Brahm et toutes les poules phéniciennes, y compris la Trimourti hindoue, ainsi que ma chaloupe *la Philiberte*, ne sortent pas d'un autre œuf. Votre vin des Canaries est véritablement un nectar !

— Votre opinion, monsieur le capitaine, est grave et profonde ! s'écria Elnorius trinquant avec son propre vin.

Et après avoir gravement vidé son verre à huit ou dix reprises, son enthousiasme scientifique s'exalta au point que Guichavoa, cessant de renifler, sourit admirativement :

— Malin, notre capitaine ! Je m'y connais !

La valeur chimérique des caisses devenait une richesse très-réelle. Elnorius Tought reconnaissait que les lois impies de la guerre l'en avaient dépossédé : mais il les rachèterait à tout prix, pourvu que le jeune officier français, en loyal adepte des mythes rudimentaux, les préservât de toute atteinte profane.

— Nos caisses ne contiennent rien qui ait une valeur intrinsèque, disait-il, les parias et autres maraudeurs ayant depuis longtemps volé les ornements de métal, les pierres précieuses et les perles. Vous pourrez vous en assurer par vos propres yeux.

— Je contemplerai avec un intérêt sans égal les symboles pangénésiques, dit sérieusement Dufresny.

Guichavoa posa sur la table toute une cave de liqueurs et relança Pichenez, qui soupait à la cuisine.

— Tes yeux pochés, lui dit-il, ne t'empêchent ni d'ôter le couvert ni de laver la vaisselle ; attrape à reprendre ton service, je retourne au mien !

Pichenez, quoi qu'il en eût, fut bien obligé d'entrer en fonctions auprès du capitaine et de son convive, ce boxeur brutal qui le réduisait à porter un bandeau :

— Comme l'Amour! dit Dufresny quand il parut.

— L'amour, répéta Elnorius Thought devenu rêveur, et qui s'attaquait au genièvre pour faire diversion au rhum de la Jamaïque, au *brandy french*, au curaçao et aux liqueurs des îles méthodiquement dégustées. L'œuf et la poule, la poule et l'œuf, Brahm et Maïa, Siva le rénovateur, Bouto la matière...

Domptée par les spiritueux, la matière glissait, de sorte que Dufresny dit au novice Pichenez :

— Tu vas me transporter monsieur sur sa couchette, à tribord derrière, et traite-le bien, ou gare à toi !

Temps magnifique, excellente brise de travers, mer belle, reflétant dans les facettes de son gai clapotis les clartés de la pleine lune ; ni terres ni navires en vue. On faisait route sous toutes voiles pour les côtes de Bretagne, qu'on apercevrait au point du jour. Mais là recommenceraient les difficultés. Chacun le savait. En conséquence, maître Banéat avait sévèrement empêché les Rivoal, les Caradec, les Derrien et autres de célébrer leur capture par de trop abondantes libations.

— Défendu de s'enivrer avant d'être à terre dans cette bonne ville de Morlaix, où les ivrognes sont chez eux. Ici veillons et parés à tout !

— Parés à tout ! répondit l'équipage à l'unanimité.

Mais il n'était pas défendu de rire, et Guichavoa racontait les manies de maître Elnorius Thought, qui avait à bord des caisses pleines de cailloux, dont il avait juré de ne se séparer qu'avec la vie.

— Arrivant au mouillage, les Anglais refusent de décharger le navire avant d'avoir dansé au son des violons que nous avons si bien entendus. Mon Elnorius reste à bord à l'effet de garder ses pierres. Sa femme, qui ne l'avait pas vu depuis trois ou quatre ans, arrive et veut l'emmener coucher dans son château.

— Une belle case ! dit Banéat, qui avait admiré les édifices et les vastes bois situés sur la colline de Fancy.

— Se séparer de ses caisses, non ! Et voilà pourquoi nous l'avons trouvé ici ; Pichenez en sait quelque chose. Le plus drôle, c'est qu'il nous rachètera ses caisses, comme si elles valaient leur poids d'argent : c'est son trésor et sa gloire !

— Ne faut pas disputer des goûts ! dit Banéat ; et maintenant, à coucher qui n'est de quart !

Au point du jour :

— Terre !... Tout le monde sur le pont !...

Puis, coup sur coup :

— Voile ! navire ! navire de guerre ! corvette anglaise de vingt-quatre canons !

Le *Fortuné* avait bien deux petites pièces de chasse, mais que signifiait un si pauvre armement contre un adversaire du rang de *la Somnambule*? Dufresny commença par jouter de ruse et de vitesse. Malheureusement le commandant de la corvette ne fut pas dupe de ses feintes, garda résolûment les abords de la côte et le contraignit enfin à hisser ses véritables couleurs.

Balafrot, Mme Destournelles, Philiberte, toute la garnison du Taureau, tout l'équipage de la poste au-choux jugèrent du péril.

— Enfants ! disait Dufresny à ses gens, je vous ai choisis un à un parmi les plus braves. Vous êtes parés à tout ?

— Oui, capitaine, à tout !

— J'ai résolu de ne pas me rendre ; il est donc possible que personne ne revienne d'ici.

— Au petit bonheur ! cria Guichavoa.

— J'espère bien pourtant qu'il y aura sauvetage, ajouta le jeune officier ; mais...

— Vive le capitaine ! interrompit l'équipage entier.

— Vive ! vive ! répartit Dufresny avec rondeur ; si je vis, corbleu, c'est que vous vous en serez tirés tous avant moi !

On applaudit.

Au premier coup de canon de *la Somnambule*, Elnorius Thought, en habit noir et en cravate blanche, apparut consterné.

— Juste ciel ! que se passe-t-il ?

On lui montra la corvette :

— Eh bien ! rendez-vous, dit-il gravement ; fortune de guerre, mon jeune ami.

— Ah ! par exemple ! s'écria Dufresny, jamais !

— Dieux ! qu'allez-vous faire ?

— Jouer quitte ou double ! Et, plutôt que de me laisser reprendre cette riche cargaison, périr corps et biens !

— C'est folie !

— Comme mon amour !

— Et mes caisses, miséricorde !

— Cher monsieur, je suis tout disposé à vous affaler dans un canot, qui chavirera sans doute, mais vous soutiendra ; vous êtes bon nageur, la corvette vous recueillera...

— Horreur ! sans mes trésors scientifiques ? Non !

— C'est folie !

— Comme la science rudimentale.

— A votre gré, mon cher savant.

— Quoi ! vous, monsieur le capitaine, vous, un adepte, tuer la poule dans l'œuf !

— Cette damnée corvette menace bien mon principe rudimental à moi !

— Votre amour ?

— Précisément.

Les boulets de *la Somnambule* tombaient à dix brasses environ de l'arrière du *Fortuned*, qui, chargé de toutes ses voiles, ne pouvait accélérer sa marche. La corvette, d'autre part, ne se rapprochait point. Vitesse égale.

— Attention à gouverner! pas d'embardées, Banéat!

Le pilote en personne avait pris la barre, dont le moindre coup donné à faux eût diminué la distance qui séparait les deux navires.

Elnorius Thought en était réduit à faire des vœux pour son capteur. Si le *Fortuned* eût été en bon abri, ravoir ses caisses n'eût été qu'une question d'argent. Mais si les boulets de *la Somnambule* allaient les briser, ou couler le *Fortuned*, adieu l'œuf et la poule! Que faire? que devenir!

— O mon jeune, courageux et savant ami, prenez pitié de mes angoisses!

— Je les partage, mon cher hôte, répondait Dufresny avec un aimable sang-froid, et je vous jure de faire de mon mieux pour sauver vos trésors. J'ai pensé à un excellent moyen...

— Oh! s'écria Elnorius, sur ma foi de gentleman, votre amour pour Mlle Philiberte m'intéresse également beaucoup.

— Banéat, la marée descend, le chenal de Tréguier cessera bientôt d'être navigable, dit Dufresny en se montrant disposé à s'y engager.

— Nous recevrions en pure perte une volée en plein bois, car avant deux heures d'échouage la corvette aurait assez d'eau pour s'en venir à demi-portée de canon.

— J'aurais voulu me rapprocher du Taureau.

— Par cette passe, impossible.

— Et l'autre nous est barrée? Eh bien, allons. La barre au vent!

Il y eut à bord un silence solennel, car le capitaine prenait un parti désespéré.

— S'il est malin, fit Guichavoa, il est encore plus crâne.

— Brasse carré partout! commandait Dufresny d'un accent terrible.

De la plate-forme du château l'on vit le *Fortuned* prendre le vent arrière et se diriger à toute vitesse vers un bas-fond fameux par de grands naufrages. Là s'était notamment perdu, durant la guerre d'Amérique un magnifique vaisseau de la Compagnie des Indes, dont les épaves, jetées à la côte, enrichirent foule de riverains.

Maître Banéat, Guichavoa, Ropartz, Hélar et les Rivoal n'ignoraient pas cette tradition.

— Si notre prise ne nous profite pas, dit Derrien, tant pis pour nous; mais de vrais Bretons en profiteront, et non des Saxons maudits!

— Bravo! à l'ouvrage!

Par les ordres de Dufresny, on hachait en

toute hâte les haubans, les galhaubans, les étais, et en général tous les cordages qui contretiennent la mâture, évidemment sacrifiée.

Elnorius, comprenant tout, pâlit d'horreur et se précipita aux pieds de Dufresny en criant :

— Grâce pour l'œuf rudimental !

La Somnambule, de crainte de s'échouer, mettait en panne.

Et Philiberte, entendant ce qui se disait autour d'elle, étouffa un cri d'angoisses, se mit à genoux et leva les mains au ciel.

— Attention ! commandait Dufresny, avant le coup, à l'abri tous !...

Et à ces mots il entraîna vivement sous la dunette Elnorius, qu'il empêcha ainsi d'être écrasé.

Le *Fortuned* s'enfonçait par l'avant dans le mamelon d'un banc sous-marin. Au choc, les trois mâts se rompirent, et, n'étant retenus par aucun cordage, tombèrent à la mer. Une lame géante capelait en même temps de long en long le navire, qui venait de se creuser un lit, son lit de mort sans doute.

On se trouvait à trois portées de canon de *la Somnambule*, à six du château du Taureau.

Philiberte s'évanouit, et deux grosses larmes roulèrent dans les yeux du commandant Balafrot :

— Ah ! le brave enfant ! murmura-t-il d'une voix étouffée.

Les marins qui étaient sur la plate-forme, enthousiasmés par le spectacle de cet échouage héroïque, ôtèrent leurs bonnets en criant.

— Foi de Dieu ! ce sont des hommes !

Les soldats applaudirent :

— De cette façon, dit un sergent, l'Anglais n'aura ni la poule ni les œufs.

VII

CONDITIONS ET ENGAGEMENT D'HONNEUR

L'échouage volontaire du *Fortuned*, résolution extrême, n'était pas un acte irréfléchi, loin de là.

Aventureux jusqu'à la témérité, Dufresny n'en était pas moins un marin habile, qui, s'il prit un parti désespéré, n'en ignorait aucune des conséquences. La carte sous les yeux, durant la nuit il en avait longuement conféré avec maitre Banéat, le pilote.

— Si l'on ne pouvait entrer par l'une ni par l'autre passe, on essayerait de se mettre à la côte sous la protection du Taureau ; mais en cavant au pis, restait le granc banc, dont aucun croiseur ennemi n'oserait approcher.

Son exhaussement central, le mamelon qui, deux fois par an, reste à découvert lors des plus basses marées, est une sorte de cône en sable vaseux mélangé de coquilles. Ce fond n'est pas très-dur. Et le *Fortuned*, navire encore jeune, construit dans l'Inde en bois de teck, devait, sans se fracasser, s'y creuser à grande vitesse un lit assez haut pour ne pouvoir couler, lors même que le choc ouvrirait une voie d'eau, et pour ne pas être submergé par la pleine mer.

En cas de tempête, l'assaut des lames ne le démantèlerait que peu à peu, et l'on était dans la plus belle saison.

La Somnambule, chargée de la surveillance d'une assez grande étendue de côtes, ne pourrait toujours se tenir en faction aux alentours du grand banc. Son service même, à défaut d'autre circonstance, l'en éloignerait au premier jour. On saisirait aussitôt l'occasion pour appeler à bord des chaloupes du pays et décharger les plus précieuses marchandises. On avait aussi la ressource d'en débarquer d'autres à l'aide de chapelets de barriques, de cordes de halage, de radeaux abandonnés à la marée montante; enfin, la population riveraine collaborerait avec la plus grande ardeur.

A bord, l'on ne manquait de vivres, d'eau douce ni de munitions de guerre.

Considération déterminante : en cas de perte corps et biens, la cargaison ne pourrait profiter qu'aux gens du rivage. Par conséquent, Dufresny, qui, rencontré au large par quelque autre croiseur, n'aurait pu que se rendre ou périr sans utilité pour personne, n'hésita plus à s'échouer comme il le fit, puisque toute joute de manœuvres serait évidemment sans succès.

La Somnambule lui avait barré la passe de Léon, elle était maîtresse du chenal de Tréguier ; sa marche égalait celle du *Fortuned*, où, faute de bras, on ne pourrait longtemps évoluer aussi facilement qu'elle. Ainsi, à moins d'amener pavillon, il fallait en venir à la terrible extrémité qui provoqua l'admiration enthousiaste et la douleur de tous les spectateurs réunis sur la plate-forme du Taureau.

Philiberte dut être transportée dans l'appartement de son oncle, où sa mère lui prodiguait les plus tendres soins et pénétrait enfin le mystère dont les sœurs Kyrio entretenaient à cette heure les trois paroisses de Morlaix.

De Saint-Martin à Saint-Mélaine, en passant par Saint-Mathieu, de la rue des Brebis à Troudoustin, sur les deux quais et au marché surtout, la rumeur fut telle qu'elle contre-balança jusqu'aux nouvelles politiques. Et pourtant la France entière palpitait ; on parlait d'une bataille décisive livrée par l'empereur Napoléon.

Le sous-préfet était grave et muet ; le commissaire de marine sombre ; le maire et ses adjoints affairés ; sans les Kyrielles, Morlaix eût été plongé dans une torpeur morne, dans une incertitude écrasante.

— Mais, s'écriait Aglaé, savez-vous bien

pourquoi Dufresny a équipé en course la chaloupe à maître Banéat?

— Oh! c'est tout un roman, ajoutait Phrosine; écoutez : je vais vous dire...

— Cette sainte-n'y-touche de Philiberte, disait de son côté Mélie, ne faisait pas seulement collection de coquillages, de plantes grimpantes et d'antiquités pour la grotte de son *kombot*...

Le canon de Waterloo avait beau tonner, à Morlaix les voix glapissantes des trois ci-devant Grâces en dominaient le lointain et lugubre écho.

Sur la plate-forme du chateau-fort, autres commentaires :

— La mer est belle, la lame qui a capelé le navire n'est rien et il est bien accoré. Aurait-il six pieds d'eau dans sa cale, il tiendra bon jusqu'au premier grand coup de vent.

— Sûrement, de ce côté-là, pas de risques. Mais l'Anglais ne va pas se croiser les bras, voilà le malheur !

— Que peut-il donc faire, demanda le caporal, puisqu'il est forcé de rester à plus de deux portées de canon?

— Caporal, répondit un marin, il va mettre à la mer ses embarcations armées en guerre, avec une petite pièce de canon dans les deux plus grandes, et une division de soldats de marine pour reprendre le vaisseau.

— Diable,

— Sur le pauvre cher trois-mâts, ils ne sont qu'une quinzaine ; la partie sera rude ! Mettons pourtant qu'ils repoussent l'abordage, une fois, deux fois, dix fois ; ils tomberont de fatigue, tandis qu'à bord de *la Somnambule* on a des bras à volonté.

— Envoyons-leur du renfort, dit un soldat.

— Et le moyen ? fit un matelot.

— Le moyen serait de partir en même temps de quatre points de la côte ; la corvette ne peut pas être partout à la fois.

— Sans doute, sergent, et, pour un militaire, vous avez bien parlé marine ; mais nous n'avons plus en rade de stationnaire pour envoyer des ordres partout, du côté de Callot et du côté de Plouezorc'h. Les bonnes barques et les braves matelots ne manquent pas, mais où est l'autorité pour faire un signal de partance ?

— Et notre canon ici ? fit un des militaires.

— Le pis de tout, dit le patron de la poste-aux-choux, serait la brume, comme il y en a souventes fois à la tombée de la nuit.

A ce mot malencontreux de brume, le brave commandant Balafrot fit un soubresaut comme si on lui écrasait les orteils.

— L'Anglais, par ce moyen, poursuivit le patron, peut s'en venir à la muette tout autour du pauvre vaisseau et y jeter soixante hommes par tribord, bâbord, devant et derrière à la fois, d'un seul coup.

— Sans contredit, patron, dit un autre marin ; mais en revanche, par temps de brouillard, rien de plus facile que de passer sous le canon de la corvette et d'aller porter secours à nos amis.

— Ou, ce qui serait plus drôle, d'enlever la corvette elle-même, pendant que son monde serait dehors avec ses canots.

— Malheureusement, nous ne sommes plus au temps de Jean Bart, de Surcouf, ni de Cornic! Et rien n'est disposé pour ces coups pareils.

Ces propos peignent clairement la situation du *Fortuned*, dont Dufresny ne se dissimulait point les périls.

Ses premiers soins, après la chute des mâts, furent d'arborer sur un bâton le pavillon national et puis de faire sonder dans l'intérieur.

— Pas un pouce d'eau, capitaine! s'écria Guichavoa.

— Je l'espérais, tant le bois de teck est dur, et ce navire-ci bien lié !... En rangs, tout le monde ! Dressons le rôle de combat... Maître Banéat, faites mettre toutes les poudres et projectiles sous la main. Pichenez sera chargé de la distribution. Hélar et Bernez sont bons canonniers, je les nomme chefs de pièce; Derrien et Divy, chargeurs ; Yves et Tanguy Rivoal, servants. Tous les autres à la mousqueterie.

— Et M. l'Anglais, capitaine, que faites-vous de lui ? demanda Banéat.

— Vous le saurez tout à l'heure.

— Que les gibernes soient garnies et les mèches allumées ! Les sabres, haches, piques, fusils et pistolets rangés et accrochés le long du bord !

— Voilà qui est fait !

— Un homme en faction à l'arrière, ne perdant pas de vue la corvette anglaise !

— Marzin sur la dunette ! commanda Banéat.

— A l'ouvrage, maintenant !

Il s'agissait de dresser, au moyen des espars de rechange, non une nouvelle mâture, mais un système de bigues permettant de hisser des fardeaux et devant, avant tout, servir à mettre à flot la moindre des embarcations du bord.

Pichenez, chargé de toutes les distributions, apporta du vin, du pain et du fromage à ses camarades, qui mangèrent tout en travaillant.

— Le petit canot à la mer, le plus tôt possible ! Très-pressé, très-pressé ! avait commandé Dufresny.

— Pourquoi, je n'en sais rien, mais il a son plan, dit Guichavoa ; manions-nous.

Du pain, du fromage et du vin furent également placés sur la table du capitaine, qui allait se retrouver en présence d'Elnorius Thought, singulièrement rudoyé depuis son réveil.

Le membre perpétuel du *Rudimental Athenæum* n'osait plus souffler mot. Il avait eu cependant la satisfaction de voir ses précieuses caisses absolument intactes ; mais, hélas ! qu'elles étaient loin d'être en lieu sûr ! Il s'assit à cette même place où, la veille, il commentait avec tant de verve scientifique les Védas et le Ramayana, et ses regards suppliants semblaient dire :

— Capitaine, monsieur le capitaine, auriez-vous déjà oublié toutes vos promesses ?

Dufresny, recueilli en de douloureuses pensées, leva les yeux et, d'un ton solennel qui excluait toute supposition de plaisanterie, il répondit enfin à cette question muette :

— Non, monsieur Thought, je n'ai rien oublié ; je songe à vous et à vos désirs plus qu'à ma propre vie, plus qu'au salut des braves gens qui m'obéissent.

— Ah ! vous êtes un véritable gentleman, s'écria l'Anglais.

— Et, bien persuadé que vous êtes homme d'honneur, reprit Dufresny, c'est de vous que je m'occupe en me hâtant de faire mettre un canot à la mer.

— Ah ! vous me pénétrez le cœur ! Mais ce canot sera-t-il assez grand pour porter toutes mes caisses ?

— Pas la moindre d'entre elles.

— A quoi bon alors ? fit Elnorius déconcerté.

— C'est ce que je vais avoir l'honneur de vous dire, monsieur Thought.

Le savant s'inclina.

— Vous avez pour la science génésiaque une passion qui vous a fait affronter mille périls; vous êtes immensément riche et prêt à sacrifier des sommes considérables, pour sauver les manuscrits et les monuments divers enfermés dans les caisses dont je suis encore le maître.

— Oui, monsieur le capitaine.

— Moi, j'ai une passion non moins ardente que la vôtre. Je la mets dans l'autre plateau de la balance, avec la ferme résolution de mourir.

— Continuez, murmura Elnorius touché de l'accent de cette déclaration.

— J'ai dans le cœur, reprit Dufresny, pesant ses paroles, un amour sans bornes pour une jeune fille pauvre qui me survivra, mais dont je veux assurer l'avenir.

— Je comprends, dit Elnorius. Vous me proposez un moyen de reconquérir mes trésors, à la condition, acceptée d'avance, mon cher capitaine, de doter généreusement Mlle Philiberte Destournelles.

— C'est là, en effet, ma première condition.

— Voyons les autres. Que désirez-vous encore?

— Pour moi, rien; j'ai obtenu ce que je veux. Mais je ne saurais oublier mes compagnons. Les uns ont femme et enfants, les autres de vieux parents ; les sauverai-je ? périront-ils tous avec moi ? Je ne puis supporter la pensée qu'eux ni les leurs ne retirent aucun fruit de notre hasardeuse expédition.

Le novice Pichenez entra.

— Capitaine, dit-il, le petit canot est à la mer, et la corvette anglaise vient de mouiller.

— C'est bien, qu'on m'attende !

Dès que le novice fut sorti, Elnorius se leva :

— Aussitôt que mes trésors scientifiques seront en sûreté, je m'engage à donner cent livres sterling à chacun de vos compagnons ou à leurs familles.

— Embarquez-vous donc dans mon petit canot, qui portera pavillon parlementaire ; rendez-vous à bord de la corvette, où l'on se prépare à m'envoyer attaquer, obtenez une suspension d'armes, et, après avoir bien dit que je suis résolu à me faire sauter, abordez au Taureau. De là ou du bas de la rivière, on nous enverra une grande barque de servitude qui transférera vos caisses à Morlaix, dans les magasins de la maison Tardif.

— Oh ! pourquoi pas à bord de la corvette ?

— Parce qu'elle est en croisière, exposée à des combats...

— Parfaitement. A terre, à terre, jusqu'à la conclusion de la paix !

— Un dernier mot, monsieur Thought.

— J'écoute.

— Tout ceci entre vous et moi, devant Dieu qui nous entend.

— Ma discrétion égalera votre délicatesse, je vous le jure, dit Elnorius en serrant de toutes ses forces la main loyale de Dufresny.

Moins d'une minute après, Guichavoa et les deux Caradec conduisaient à bord de *la Somnambule* le membre perpétuel du *Rudimental Athenæum*.

VIII

HUIT HEURES DE TRÊVE

Du château du Taureau, on avait vu *la Somnambule* jeter l'ancre, serrer ses voiles et faire les préparatifs nécessaires pour mettre à flot ses grosses embarcations.

— Ces damnés d'Anglais ne perdent pas de temps, fit un des matelots de la poste-aux-choux.

— Ils prennent pourtant celui de déjeuner, ajouta bientôt le patron, car le mouvement s'arrêtait. En attendant, les amis de là-bas se manient en double.

Les bigues se dressaient ; le petit canot fut amené à la mer.

Un long coup de sifflet annonça que les gens de la corvette reprenaient le travail. Une première embarcation soulevée par les palans apparaissait au-dessus des bastingages.

Balafrot soupira douloureusement. Les moindres incidents, observés, expliqués, commentés avec un soin minutieux, excitaient un intérêt fébrile.

Le batelet à pavillon parlementaire provoqua un surcroît de curiosité.

— Dufresny, sans doute, envoie proposer quelque arrangement... une sorte de capitulation : l'abandon de l'épave contre la liberté de ses gens et la sienne. Mais qui diable peut être cet individu en habit noir que je vois à la longue-vue, agitant le drapeau ?... Ah ! c'est mon drôle de Guichavoa qui gouverne !... Ils accostent !... L'inconnu monte à bord de *la Somnambule*.

— Triste ! triste ! d'avoir fait une prise pareille et d'en sortir les mains vides ! dit le patron de la poste-aux-choux.

— C'est égal ! le capitaine Dufresny a de l'idée et du cœur. Au lieu d'amener et d'être pris, il va forcer l'Anglais à mettre les pouces.

— A savoir !

— Je te dis, moi, que le *goddam* sera trop content de n'avoir pas à risquer ses embarcations contre le trois-mâts qui, avec ses deux canons, leur ferait grand mal.

Tandis que sur la plate-forme on dissertait ainsi, deux grands canots et la chaloupe de *la Somnambule* descendaient successivement à la mer. Déjà même une première caronade était sur les palans — cruels préparatifs, — quand un contre-ordre inespéré fit suspendre l'armement en guerre. Le batelet se détacha de la corvette. Il se dirigeait en droite ligne sur le château du Taureau. Pour le coup, on ne sut plus que supposer.

Mais, à bord du *Fortuned*, Dufresny, jusque-là fort anxieux, s'écria :

— C'est bien !

Evidemment, les négociations avaient réussi. Son front s'illumina de l'auréole du dévouement, de l'amour vrai.

L'avenir de Philiberte était assuré, quoi qu'il arrivât. Elle cesserait de végéter dans une condition voisine de la misère, et un jour elle jouirait d'une paisible aisance, sans savoir à quel sacrifice héroïque elle la devrait.

Ces pensées, qui le rendaient radieux, n'empêchaient pas le jeune officier d'utiliser les instants. Maître Banéat reçut l'ordre de charger de distance en distance avec du plomb un menu cordage du genre de ceux qu'on appelle de *la ligne*, d'en amarrer le bout sous la flottaison et de couler indéfiniment à la mer des touées de ligne ajustées les unes au bout des autres. Cette opération devait être faite avec toute la célérité possible et hors de vue des Anglais, chose facile. Six hommes s'y consacrèrent. Le reste de l'équipage confectionnait avec les grosses bouées de liége du *Fortuned* autant de ceintures de sauvetage qu'il y avait d'hommes à bord.

— Si les Anglais se rendent maîtres du vaisseau, dit Dufresny à Banéat, au dernier moment je donne un coup de sifflet rossignolé ; vous vous jetez tous à la mer avec ces ceintures, et moi je fais sauter le navire couvert d'ennemis.

— Capitaine ! grâce pour vous ! dit le pilote vivement ému.

— Nos hommes soutenus à flot s'accrocheront aisément aux débris que la marée finira par rouler à la côte. Une bouteille d'eau douce et trois galettes de biscuit par homme ; et, de plus, sur chaque poitrine un cachemire de l'Inde. Autant de pris sur l'ennemi ! Mais gare aux douaniers ! ajouta Dufresny en souriant.

— Capitaine ! murmurait Banéat les larmes aux yeux, consentez au moins à vous sauver comme nous !

— Autant se rendre, corbleu ! répliqua Dufresny impatienté. Rien n'est possible si le vaisseau ne saute pas avec les Anglais. Voulez-vous qu'ils nous repêchent un à un comme des grenouilles et qu'ils reprennent *le Fortuné !* Taisez-vous donc et obéissez.

— Pauvre brave capitaine ! fit le pilote d'une voix étouffée.

— Je vous ai enrôlés en vous promettant une bonne aubaine, je veux tenir parole !... Défoncez les caisses et choisissez les plus beaux cachemires ! attrape à commencer la distribution !

Banéat soupira.

— Mais, tonnerre ou vrac! s'écria Dufresny avec entrain, laissez-moi là cette mine de vent de bout! On ne meurt point pour faire son testament; nous ne sommes pas encore pris et j'ai, à part moi, plus d'une autre idée.

— A la bonne heure! fit le pilote. Quant aux hommes, vous pouvez compter sur eux jusqu'à la mort.

— J'y compte bien aussi.

— Nos deux canons sont légers comme des plumes. Ça n'a pas fait un pli de les porter de l'avant à l'arrière où vous les voyez.

— Je suis très-content de vos installations, Banéat. Continuons donc! à l'ouvrage!

Personne n'ignore que le *Rudimental Athenæum* publie de volumineuses *Annales*, où ont été insérés tous les mémoires pangénésiques d'Elnorius Thought ainsi que les relations de ses périlleux et dispendieux voyages. A bord de *la Somnambule*, il fut reçu, en conséquence, avec tous les égards dus à sa célébrité d'excentrique. Il n'y obtint pas néanmoins gain de cause complet.

Après de longs débats, le capitaine de la corvette ne lui concéda, pour ses opérations, que huit heures de suspension d'armes :

— J'ai hâte, disait-il, d'en finir avec cette poignée de méchants corsaires. Le temps est beau, mais peut changer. Mon devoir est de reprendre ma croisière. Vous avez une marée complète devant vous, c'est suffisant !

— Hélas ! puis-je le savoir ?

— L'intérêt des Français est de vous seconder.

Elnorius plaidait pour une transaction, sorte de capitulation honorable et avantageuse pour tous et chacun.

— Plaisantez-vous ? s'écria l'officier anglais. Pactiser avec ces aventuriers ! Non ! mille fois non ! Leur capitaine, dites-vous, est résolu à se faire sauter ; vaine menace.

— Pas cette fois, je l'affirme.

— Quoi qu'il en soit, je ne suis pas moins résolu, moi, à l'empêcher de profiter de la moindre parcelle des deux millions de marchandises dont il s'est emparé. N'insistez donc pas ! midi sonne : vos minutes de trêve sont comptées.

— Juste ciel ! mesurer ainsi le temps à la science des origines ! compromettre des manuscrits indéchiffrables et des monuments frustes uniques au monde ! Mes remercîments les plus sincères, monsieur le capitaine !

Et, sautant précipitamment dans le batelet, Elnorius frémissant dit à Guichavoa :

— Trêve jusqu'à huit heures seulement ! Au château du Taureau !

Il arma lui-même une rame, Guichavoa en

prit une autre. Les deux Caradec donnèrent l'impulsion. Ils souquaient tous avec furie.

En vérité, ce ne fut point par une bourrade que le ci-devant factotum du commandant Balafrot fut accueilli, quand il entra dans le fort en criant :

— Huit heures de trêve ! un chaland ! du monde ! au nom du capitaine Dufresny !

Mme Destournelles et Philiberte écoutaient palpitantes. La poste-aux-choux déborda. Guichavoa et les Caradec s'y jetèrent, tandis que Elnorius achevait de donner à Balafrot les explications convenables.

Au bourg de Locquénolé, au hameau qui lui fait face à l'embouchure de la rivière, la grande nouvelle se répandit comme une traînée de poudre. Hommes et grosse barque capable de porter toutes les caisses et tout le bagage de l'Anglais furent promptement trouvés, tant chacun y mit de zèle.

Le reflux et le flux coïncidaient avec les mouvements nécessaires.

Enfin Guichavoa et les deux Caradec se retrouvèrent à leur bord, après avoir activement coopéré au déchargement des précieuses caisses qui voguaient, avec Elnorius Thought, sur les eaux calmes de la rivière, quand aux clochers de la ville, au château du Taureau et à bord de *la Somnambule*, sonnèrent huit heures du soir.

Alors le brouillard s'élevait ; il allait encore, après une étouffante journée de juillet, s'étendre comme un linceul sur la surface des eaux. A quoi bon les deux canons du *Fortuned ?...*

— *Very well !* fit le capitaine de *la Somnambule ;* j'espérais ceci en accordant huit heures de répit à maître Thought et à ses coquins de flibustiers.

— Parfaitement calculé, commandant.

— Plus de caronades ni d'espingoles dans les embarcations, qu'il ne faut point alourdir. Tout par surprise, à l'abordage et à l'arme blanche. ! *Le Fortuned* est échoué au nord quart nord-est, emportez des boussoles et des coiffes en toile goudronnée pour cacher la lumière.

— Bien, commandant.

— Laissons le brouillard s'épaissir. Messieurs les officiers chefs de corvée, écoutez mes instructions. *Le Fortuned* nous tourne l'arrière ; vous devrez, en prenant beaucoup de tour, vous porter tous ensemble à une certaine distance de son avant ; et puis, sans bruit aucun, l'aborder, la chaloupe sous le beaupré, le grand canot par tribord, et le canot major par bâbord en même temps.

— Le courant facilitera beaucoup l'opération, dit le premier lieutenant chargé du commandement en chef ; les avirons sont garnis d'étoupe et j'ai choisi nos plus adroits rameurs.

— M. le capitaine d'infanterie de marine, reprit le commandant de *la Somnambule*, devra faire prisonniers les quinze à dix-huit fous qui osent nous braver. Mais le plus dangereux, un officier de la marine française, à ce que dit M. Thought, menace de mettre le feu aux poudres. Il faut donc que tous nos midshipmen et nos plus alertes matelots n'aient d'autre préoccupation que de l'arrêter. Ils devront se précipiter par tous les panneaux dans l'intérieur du vaisseau, se répandre dans la cale, dans les coursives, et prévenir ainsi tout acte de stupide désespoir.

— C'est bien entendu ; j'éparpillerai mes hommes en conséquence, dit le premier lieutenant.

— Enfin, ajouta le capitaine de la corvette, dès que vous serez maîtres du *Fortuned*, vous tirerez deux coups de canon pour me signaler votre succès.

Trente soldats de marine, une quarantaine de matelots, trois officiers et cinq midshipmen s'embarquèrent dès que ces instructions eurent été données. Il restait encore plus de deux cents hommes à bord de *la Somnambule*.

IX

LES COUPS DE CANON

Huit heures, fin de la trêve. Huit heures et demie, silence profond. Neuf heures, brouillard intense. Le moment décisif approche.

Sur la plate-forme du Taureau, plus de commentaires. Le commandant Balafrot, sa sœur, sa nièce attendent frémissants.

Bien que Elnorius Thought eût été parfaitement discret, bien que Guichavoa et les frères Caradec se fussent montrés pleins de confiance en Dufresny, son héroïque résolution avait été pénétrée. Balafrot se garda bien de le dire. Mme Destournelles n'en ouvrit point la bouche. Philiberte tremblait.

Cependant la fatale explosion ne devait pas avoir lieu sans être précédée par un combat, et le canon ni le fusil n'élevaient la voix.

A bord de *la Somnambule*, on plaisantait sur

la déconfiture de ces jolis petits *messieurs* que ramènerait avec les menottes le premier lieutenant chef de la corvée. En outre, puisque, d'après M. Thought, le solide *Fortuned* n'avait pas de voie d'eau, il ne serait peut-être pas impossible de le raflouer, puis de lui donner une mâture de fortune et d'avoir sur ce sauvetage de fort belles parts d'indemnité. On en retirerait tout au moins les plus riches marchandises, et pour qu'aucun Français ne pût profiter de la moindre épave, on ferait du reste un splendide feu de joie.

Agréables propos, grands éclats de rire, chansons bruyantes tolérées par exception.

Au Taureau, morne silence, poignantes angoisses mélangées pourtant d'un certain espoir.

Sur la corvette, confiance absolue, et vacarme un peu imprudent peut-être, car neuf heures et demie, et enfin dix heures sonnèrent sans qu'on eût entendu le canon :

— Silence à bord ! commanda le capitaine en frappant du pied. Nos canots auraient-ils fait fausse route ?

— Ce n'est guère possible :

— Mais voici plus d'une heure qu'ils sont partis.

— Les Français, je gage, auront jeté les canons à la mer.

— Deux feux de peloton pouvaient remplacer

le signal. D'ailleurs rien de plus simple que de nous renvoyer un des canots.

A bord de *la Somnambule*, après ces paroles, nul ne se permit la moindre observation. Sans être précisément inquiets, les Anglais, intrigués, déconcertés, attendaient une explication que ne trouvait aucun d'eux.

Sur la plate-forme, Mme Destournelles et Philiberte adressaient à Dieu les plus ferventes prières. Balafret se promenait de long en large avec une impatience inexprimable.

Onze heures, minuit, minuit et demi, rien. Plus un souffle de vent; pas un bruit. Le brouillard fugace de la saison d'été se dissipait peu à peu.

A une heure du matin, on entrevit, par-delà l'île aux Dames, la mâture sans voiles de la corvette se profilant sur le ciel étoilé. Et de la corvette on apercevait au même instant la masse sombre du *Fortuné* dont la ligne argentée d'un remous dessinait mieux encore la position sur le mamelon du grand banc.

Alors enfin le capitaine de *la Somnambule* prit le parti d'envoyer en reconnaissance un quatrième canot armé de vingt-cinq hommes. Celui-ci ne s'avançait plus sous le couvert du brouillard, et non-seulement on ne riait ni ne chantait à bord, mais on y retenait son haleine pour mieux entendre.

Au bout de huit minutes, l'officier de l'embarcation héla le *Fortuned*. Du vaisseau échoué personne ne répondit; on n'y voyait personne.

— Lève rames !

Quelque piége était-il à craindre ? Non ! Les trois premières embarcations auraient pris trop de tour, se seraient égarées dans le brouillard, et devaient ensuite, drossées par le courant, s'être abritées dans quelque coin. Quant aux corsaires, profitant de la brume, ils devaient avoir abandonné le vaisseau.

Sur ces réflexions, sans prendre la peine d'en faire le tour, l'officier de corvée commanda :

— Avant partout !

Le canot accosta résolûment par le travers, et, sans précautions, les trois quarts de ses gens montèrent à bord. Tout à coup éclata un bruit étrange. Les rameurs, assis à leurs bancs de nage, entendirent la voix étouffée de leur chef qui essayait de crier :

— Pousse au large !... Sauvez-vous !

Ils poussèrent avec terreur.

— Accoste ! ou vous êtes coulés, leur cria Dufresny en bon anglais.

Vingt fusils étaient braqués sur le bord ; un canon était prêt à faire feu. Ils essayèrent néanmoins de fuir.

— Feu donc !... feu !

Le canon retentit.

— Un !... deux ! compta le capitaine de la *Somnambule*.

Un troisième coup le fit tressaillir d'étonnement.

— Quatre !... cinq !... six !... sept !...

— Victoire ! s'écria Dalafret en embrassant sa sœur. Il a réussi !

Et Philiberte put enfin verser des larmes de joie en rendant grâce au ciel d'un succès jusque-là plus que douteux.

Ce n'était pas pour rien que Dufresny avait fait garnir de plomb une touée de ligne assez longue pour aller du mamelon jusqu'au bas de l'escalier du château-fort.

Cette ligne, dont un bout faisait dormant sous la flottaison du *Fortuned*, fut secrètement amarrée par l'autre bout au chaland destiné à transférer en rivière de Morlaix les caisses d'Elnorius Thought. Elle était plombée pour n'être ni vue ni rencontrée par les Anglais. Stratagème de bonne guerre, elle devait servir de va-et-vient et permettre de communiquer avec le vaisseau, sans tâtonnements, sans bruit aucun, sans recourir aux avirons, sans que les courants pussent en aucune façon faire dévier ceux qui s'en serviraient.

Son poids, qui la faisait traîner par le fond, ne laissa point que de ralentir la marche du chaland ; mais, d'un côté, Dufresny, Banéat et leurs gens avaient apporté un soin méticuleux à la couler par gênes distancées méthodiquement, de l'autre, les rameurs avaient nagé avec assez de vigueur pour que le ralentissement, peu sensible, ne fût pas remarqué par l'ennemi. Ainsi fut immergée une vraie remorque sous-marine.

Au Taureau, sans même que l'excentrique savant s'en doutât, elle fut attachée à l'un des anneaux de la muraille.

Déjà, grâce à l'éloquence des Guichavoa, des Caradec et de leurs amis du bas de la rivière, foule de marins ou riverains, dans leurs barques bien approvisionnées de vivres, se pressaient aux abords de l'escalier. Balafrot, trop heureux de leur fournir des munitions et des armes, les vit s'éloigner en se paumoyant sur la ligne jusqu'au point où les Anglais auraient pu les apercevoir. Ensuite on fit des vœux pour le brouillard. Puis il fallut attendre dans une anxiété croissante d'heure en heure.

Chaloupes et barques bretonnes se tenaient donc à l'abri de l'île aux Dames, avec l'espoir que la brume viendrait leur permettre de continuer la route aventureuse qui les ferait passer à demi-portée du canon de *la Somnambule*. Sans la brume, rien de possible ; avec son concours, la ligne plombée, fil d'Ariane et corde de halage rendait le succès très-probable.

Les brouillards s'élevèrent enfin. Sur la plate-forme du Taureau, les cœurs tressaillirent d'espoir ; quelques cris de joie éclatèrent. Balafret, Mᵐᵉ Destournelles ni Philiberte ne furent de ceux qui chantaient déjà victoire. Que, par malheur, une chaloupe de ronde de *la Somnambule* rencontrât le convoi de secours, l'entreprise, si bien combinée qu'elle fût, avorterait misérablement.

De là, parmi les plus ardents amis de Dufresny, les craintes poignantes qui se prolongèrent jusqu'à la fin.

La brume, au ras de l'île aux Dames, fut accueillie avec transport, mais force était de comprimer toute manifestation bruyante, car les Anglais auraient pu entendre. La joie belliqueuse de tous se traduisit donc en action ; ce n'en valut que mieux. La ligne plombée, sortant du fond des eaux par l'avant de la première des barques pour retomber à l'arrière de la dernière, passa par deux cents mains avec une vitesse vertigineuse.

Le chapelet dont elle était le lien et la cordelle, invisible, muet, fougueux, glissait parmi les flots comme le reptile de la légende fantastique.

— *Fé d'ann-Doué !* (Par la foi de Dieu !) pensaient les riverains bretons, il fallait se hâter, car les Anglais armaient décidément leurs redoutables canots.

On entendit fort bien, à bord de *la Somnam-*

bule, le grincement des poulies, le cliquetis des armes, le murmure confus des voix humaines et quelques commandements gutturaux.

A la vérité, on allait en droiture, tandis que les Anglais prendraient assurément du tour; c'est égal, pas une seconde à perdre.

— Hale dessus!... Paumole roide !... Mains sur mains! sans souffler mot! sans mollir! de vaillante rage !

Bref, telle fut l'énergique promptitude des gens armés par Dalafrot, qu'à l'instant de l'abordage du *Fortuned* par les trois premières embarcations anglaises, plus de cent Bretons silencieux attendaient les assaillants.

Les rires et les chansons des matelots de *la Somnambule* couvrirent le bruit inévitable de soixante rixes simultanées.

— Tout par surprise et à l'arme blanche! avait dit le capitaine anglais.

— Tout sans arme à feu et par surprise, avait, de son côté, commandé Dufresny en rangeant à leurs postes ses hommes de renfort.

Pris à bras le corps, saisis inopinément à la gorge, renversés sur le pont, puis garrottés et bâillonnés, les soldats et les matelots ennemis étaient rangés côte à côte dans la cale au moment où leur capitaine s'attendait au signal des deux coups de canon.

La capture des trois embarcations ne présenta pas de difficultés. Ceux qui les gardaient accostées le long du bord, étant sans défiance, se trouvèrent pris comme dans un filet.

— Ah ! mon capitaine s'y connaît ! s'écria Guichavoa en battant un entrechat à la matelote.

— Ça met en goût ! dit Banéat ; un fameux coup maintenant serait d'enlever la corvette. Les Anglais n'y sont plus guère que deux cents ; nous avons trois bonnes embarcations, sans compter les barques du pays, des armes, des costumes, vu que nous déshabillerions nos prisonniers. Moi, d'abord, je me déguise en sergent de marine...

— Moi en midshipman, fit Guichavoa.

— Oui ! oui ! enlevons la corvette ! dirent tumultueusement les cent et quelques marins bretons.

Dufresny, singulièrement tenté, mit son monde en rangs. Ses auxiliaires ne valaient point à beaucoup près son petit équipage primitif. Il hésitait à compromettre un succès assuré. Il prenait cependant ses mesures, dictant les rôles, distribuant les postes, essayant d'organiser avec une audacieuse prudence le difficile coup de main, quand, au bout de longs préparatifs, le brouillard se dissipa.

Déjà quelques hommes étaient assis dans les embarcations, prêts à ramer :

— Allez vivement vous amarrer à tribord devant, leur commanda-t-il, et puis remontez à bord.

Les cent vingt Bretons rassemblés sur le pont ne savaient que penser de ce contre-ordre.

— Mes enfants, leur dit Dufresny, à la faveur de la brume, nous aurions peut-être eu quelque chance de réussite, quoique nous n'ayions pas le mot d'ordre et que la corvette soit sur ses gardes. Mais à présent nous serions coulés infailliblement par une simple bordée. Je refuse donc de diriger l'attaque.

— C'est dommage.

— Malgré ça, il a raison.

— Plus moyen, dirent Daneat, Guichavoa, Derrien et vingt autres.

— Contentons-nous, mes amis, ajouta le jeune officier, d'être désormais parfaitement maître du *Fortuned*, bien pourvu de vivres et d'armes, et n'ayant rien à craindre de *la Somnambule*, privée de ses trois meilleures embarcations. Je me charge du débarquement de nos marchandises. Anciens et nouveaux, chacun aura sa part de prise proportionnelle, conformément aux règlements. Un peu de patience donc. Notre défensive est facile, et notre ligne plombée est toujours amarrée par un bout au château du Taureau.

— Oui, oui, c'est vrai !

— Il y aura d'autres brumes... et la corvette ne peut rester toujours là...

— Et les coups de vent...

— Et les idées du capitaine...

— La chance est à nous !

— Silence !... A plat pont !... Encore un coup de filet à donner ! s'écria brusquement Dufresny en se cachant derrière le bastingage.

Le quatrième canot de *la Somnambule* fut attendu mèche allumée.

S'il avait pris du tour et vu les diverses embarcations amarrées sous la joue de tribord, il aurait entièrement évité sa déconvenue. Mais, après avoir levé rames, s'il avait rétrogradé au lieu d'accoster, son malheur eût été plus grand : le canon l'aurait coulé. Il accosta. On essaya encore de l'enlever par surprise ; mais on y voyait un peu et l'on entendait parfaitement. Impossible d'en finir par la seule ruse.

Alors Dufresny, n'ayant aucun motif de se taire davantage, fit à Balafrot le signal de sept coups de canon, qui avait été convenu avec Guichavoa pour annoncer réussite complète.

— Eh bien, s'écria presque aussitôt le grognard, ne pouvant se contenir davantage, plus de larmes, et vive l'amour ! Ce salut, ma chère nièce, nous annonce, par-dessus le marché, des dragées pour ton mariage...

La fossette rieuse, depuis longtemps trop effacée, reparut à ces mots.

Mais, hélas ! trente-six heures ne s'étaient point écoulées que les trois Kyrielles, déconcertées un instant, purent encore tout à leur aise prophétiser de malheur.

En dépit du sous-préfet et du commissaire de marine, le maire de Morlaix venait d'avoir la douleur d'annoncer à ses concitoyens le désastre de Waterloo.

X

LES PROPHÉTESSES DE MALHEUR

— Waterloo! dit Aglaé; donc l'ogre de Corse a perdu la partie, le bon roi Louis le Désiré rentrera, et cette vieille moustache de Balafrot sera trop content de gratter du papier chez les Tardif.

— Waterloo! ajouta Phrosine; et M. le corsaire des Cent-jours, noté comme bonapartiste, s'en va revenir les mains vides de toutes ses grandes aventures...

— Bien fait! s'écria Mélie, inspirée par le génie de l'envie et de la rancune. Le *Fortuned* ne pouvant plus être déclaré de bonne prise, les Anglais de *la Somnambule* vont vous fouiller Guichavoa et compagnie, fièrement mieux que nos bonasses douaniers.

— Adieu les cachemires de Mme Philiberte! Bonsoir la corbeille de noces! Et la noce aussi!

— Sans compter, mes sœurs, que le beau Dufresny doit être criblé de dettes ; car enfin avec quoi payera-t-il l'armement de la coque de cette chaloupe qu'il avait si galamment appelée *la Philiberte*?

La malignité des trois commères leur faisait ainsi presque deviner ce qui ne tarda pas à être un grand surcroît de chagrin pour le brave Balafrot.

— Le vaillant garçon, pensait-il, a perdu jusqu'à ces deux mille francs qu'il nous avait si généreusement prêtés ! Moi, je vais être remis à la demi-solde, et nous serons tous plus malheureux qu'avant son sublime coup de tête !

M. Elnorius Thought, brutalement fait prisonnier et mystifié par Dufresny, ne pouvait être, d'après les Kyrielles, que fort mal disposé envers lui ; elles enchérissaient en présence de l'excentrique gentleman, devenu leur locataire ; voici comment :

Sous les auspices du commandant Balafrot et du capitaine Dufresny, le docte Anglais avait été parfaitement accueilli par M. Tardif. L'armateur, dès le premier soir, lui offrit à souper, fit décharger ses précieuses caisses avec toutes les précautions désirables et les remisa dans un magasin contigu à l'arrière-boutique de Mlles Kyrio.

Or, le savant ayant témoigné l'ardent désir de ne pas loger ailleurs qu'auprès de ses trésors, ces demoiselles s'empressèrent de lui offrir une chambre garnie très-confortable : marché d'or de part et d'autre.

Mme Destournelles et Mlle Philiberte se trouvant au château du Taureau, où il avait eu l'honneur de les voir un instant, il fut dédommagé de leur absence par Aglaé, Phrosine et Mélie, qui le mirent immédiatement au courant d'une infinité de choses et d'une multitude d'autres.

— Oh ! *biène, très-biène !* se bornait à dire de temps en temps Elnorius Thought, assez versé dans les beautés de la langue française pour ne rien perdre de leur faconde.

Le profond mythologue pensa peut-être que les Euménides, en vertu de quelque métempsychose, s'étaient établies comme épicières sur le quai de Tréguier.

Enfin, les événements politiques s'étant chargés de réaliser toutes les prévisions des trois prophétesses de malheur, il s'avisa d'aller examiner, dans le plus haut des kombots, cette main de pierre dont elles s'étaient tant moquées en sa présence.

— Délicatesse... discrétion... *Rudimental !*... J'ai trouvé, se dit-il après ses investigations scientifiques.

Et, descendant aussitôt chez Mme Destournelles, il lui exprima le désir de voir Mlle Philiberte.

Avec un accent qui ajoutait à l'originalité du discours :

— Je voulais, dit-il, lui proposer un petit marché.

Philiberte était souffrante. D'horribles inquiétudes la minaient : Dufresny n'avait pas reparu, le drapeau blanc flottait sur le château du Taureau, le pavillon britannique à bord du *Fortuned*, où le jeune et brave officier subissait sans doute d'humiliantes avanies.

Elle était en proie à cette douleur poignante qu'engendrent l'espoir déçu, la perte du bonheur qu'on va saisir, la transformation soudaine d'un doux rêve en amère réalité. Son cœur se brisait. Sa résignation passée renaîtrait-elle ? Ses yeux rougis par les larmes et sa pâleur témoignaient d'une affliction telle, que sa mère, alarmée, répondit d'abord à M. Thought qu'elle était hors d'état de se présenter.

— Oh ! je comprenais tout très-bien ; c'est pourquoi j'insisterai beaucoup plus fort.

Et tant il insista, que Philiberte parut.

Après un salut grave et sympathique :

— Mademoiselle, dit Elnorius, je viens demander à vous le plus grand des services, et en même temps offrir à vous beaucoup d'argent pour des acquisitions scientifiques.

— Daignez vous expliquer, monsieur, dit Philiberte fort étonnée de ce début.

— Dans une de mes caisses, mademoiselle, j'ai un monument hindou de la plus haute antiquité, l'œuf primordial, un œuf de pierre qui a trois yeux, trois bouches, trois oreilles, et qui devrait avoir autant de bras supportant une tablette où est gravée une inscription en langue sacrée. Mais l'un des bras et les deux tiers de la tablette ont été brisés par des barbares.

Philiberte comprit l'objet de la négociation; ses yeux secs s'enflammèrent d'une sorte d'espoir fiévreux; Elnorius ajoutait :

— Par quel concours de circonstances invraisemblables se fait-il qu'un si précieux document soit en votre possession ? Je ne puis le concevoir; mais vous le possédez. Je l'ai vu dans votre grotte artificielle; il est pour le *Rudimental Athenæum* et pour moi d'une valeur inappréciable.

Philiberte, étourdie, croyait rêver; Mᵐᵉ Destournelles intervint :

— Monsieur, dit-elle, on affirme qu'autrefois un vaisseau de la Compagnie des Indes se brisa sur ce même banc où est échoué le *Fortuned*. Le bras de pierre que vous voulez acquérir ne peut provenir que de ce naufrage. Des pêcheurs l'auront dragué, amené en rivière pour en tirer parti, et, ne trouvant point d'acheteur, l'auront jeté au lieu d'où ma fille l'a fait retirer par Guichavoa.

— Cette explication est assez satisfaisante, dit Elnorius; mais mademoiselle ne m'avait pas répondu.

— Mon Dieu ! fit la jeune fille avec trouble,

je voudrais vous offrir... Cet objet est sans valeur pour moi... Il ne m'a rien coûté... puis-je songer à le vendre ?... Et pourtant !... Mais non..., je ne sais plus ce que je dis... Maman, venez donc à mon secours !...

— Oh ! doucement ! fit Elnorius, je suis beaucoup trop riche pour accepter la charité ! Je ne veux absolument pas de votre générosité à vous !... Non !

La fossette sérieuse faillit s'effacer devant l'évidente bienveillance de l'opulent gentleman, qui se permit de prendre paternellement la main de la jeune fille en ajoutant :

— Ecoutez-moi bien, s'il plaît à vous, ma chère demoiselle.

Et il plut à Philiberte d'écouter si bien, que le deuxième ou le troisième dimanche suivant, en l'église Saint-Mélaine, où les trois sœurs Kyrio assistaient à la grand'messe, il y eut un mémorable scandale.

Le curé, monté en chaire, annonçait :

— Promesse de mariage entre M. Victor Dufresny, capitaine de frégate, et Mlle Philiberte Destournelles, fille mineure de...

La publication fut interrompue par un cri aigu de Mélie Kyrio, prise d'une attaque de nerfs ; Aglaé, au même instant, perdait connaissance. Quant à Phrosine, brune irritable, elle se leva tragiquement ; puis, sans secourir ses sœurs, elle sortit de l'église en renversant trois chaises, deux enfants de chœur et une femme de ménage.

De mémoire de paroissienne, rien de pareil, ne s'était vu. A la vérité, les paroissiennes, ignorant les annales héroïques de leur cité, ne savaient point qu'en 1611 la fille de Jacques Deleau, commandant du château du Taureau, fut enlevée, durant la grand'messe, par des pirates irlandais, et reprise par son propre père dans la baie de Carantec à la suite d'un furieux combat naval.

Le brave Balafret ne devait pas tarder à mettre ce scandale historique en parallèle avec celui qu'occasionneront, en l'église Saint-Mélaine, les trois maigres sœurs Kyrie.

La publication du ban de mariage mettait le comble à la mesure.

Ne suffisait-il donc point qu'un rapport venimeux, dont l'auteur ne sera pas désigné, eût été officiellement adressé à S. Exc. le ministre de la marine, contre un certain Dufresny (Victor), lieutenant de vaisseau, indigne frondeur, boudeur, ultra-royaliste et indiscipliné, qui, sans lettres de marque, s'était permis de lever un équipage d'aventuriers et d'aller écumer les côtes d'Angleterre? Ne suffisait-il pas que ce rapport, exact du reste, et très-circonstancié quant à la partie romanesque, au lieu de tomber entre les mains du vice-amiral Decrès, ministre de la marine de l'empereur, eût été remis à M. le comte de Jaucourt, son successeur, nommé le 9 juillet, ministre de la marine du roi? Or, venin y compris, le rapport était si divertissant à tous égards, que le nouveau ministre crut être agréable au roi en le mettant sous ses yeux; il en résulta qu'après avoir ri du fond comme de la forme, S. M. Louis XVIII voulut que le certain Dufresny (Victor) fût immédiatement élevé au grade de capitaine de frégate.

Ne suffisait-il donc pas que ce vieux buonapartiste d'Hervé Plourin, dit Balafrot, par suite du même rapport, au lieu d'être mis à la demi-solde, fût honorablement retraité comme chef de bataillon et libéralement indemnisé sur la cassette du roi de tous les frais qu'il avait faits pour improviser l'équipement, l'armement et l'approvisionnement des barques envoyées au secours de Dufresny?

Ne suffisait-il point que les marins de *la Philiberte* eussent reçu chacun de leur capitaine — chose inexplicable — une gratification de plus de cent louis, en suite de quoi ce mauvais sujet de Guichavoa s'était avisé d'organiser une sérénade à laquelle assistèrent et applaudirent tous les marins du pays, ainsi que les deux tiers de la population de Morlaix?

Eh bien, non, cela ne suffisait point, car la sérénade eut pour pendant un épouvantable charivari, organisé, le dimanche de la première publication, par ce même Guichavoa, qui, de temps en temps, donnait le coup de sifflet du silence.

Tout se taisait alors, et le monstre, sur un rhythme du plain-chant, psalmodiait :

Kyrielles y sont-elles ?

A quoi l'abominable multitude répondait :

Kyriell' y sont !

Et Pichenez, trop heureux d'avoir eu les yeux pochés, sonnait une cloche énorme ; et les quatre Caradec faisaient crier des crécelles gigantesques ; et douze grosses caisses étaient battues à tour de bras par Hélar, Derrien, Bernez, Divy, les deux Rivoal et autres accourus de tous les coins de la ville, Marzin et Ropartz jouaient du tam-tam sur des fûts de métal. Les amis de Locquénolé, de Carantec et de Plougasnou frappaient sur des enclumes, brisaient des douvelles, fracassaient de vieux tonneaux. On imitait les cris de tous les animaux de la création : on gloussait, on aboyait, on miaulait, on rugissait, on frappait aux volets de la boutique :

— Kyrielles y sont-elles ?
— Oui, Kyriell' y sont !

D'immenses feuilles de tôle balancées au ras de la porte imitaient le tonnerre à s'y méprendre.

Et le vacarme dura jusqu'à minuit, sans que l'autorité municipale jugeât à propos d'intervenir. Parbleu! M. le maire en personne riait aux éclats, et ses propres fils, gamins terribles, faisaient leur partie dans le concert.

Le lendemain lundi, sur la devanture de la boutique on lisait : « Fermé pour cause de déménagement. »

— Non! dit le pilote Baudat, c'est pour cause de chavirement!... Ah! le joli branle-bas, Guichavoa, mon petit, mousseux, crâne et distingué!

— Dam! maître, sans me flatter, ça me connaît!

La paix couvrait de navires la rade et la rivière de Morlaix. L'Angleterre nous rendait nos prisonniers de guerre rapatriés après leurs longues tortures : scènes profondément émouvantes. De nombreux bâtiments marchands rentraient coup sur coup au port, qui n'avait jamais été plus animé. Ainsi revinrent successivement tous ceux qu'attendait la maison Tardif et C°.

Quant au *Fortuned*, déchargé, allégé et rafloué le jour de la plus forte marée, à l'aide d'appareils dits *chameaux*, il fut pourvu d'une faible mâture par les trop chanceux marins de *la Somnambule*. Puis il disparut, sans avoir laissé à Morlaix d'autre cachemire que celui que Guichavoa y apporta en contrebande afin qu'Elnorius Thought l'offrît à Philiberte, dernier crève-cœur pour les trois Kyrielles exilées des bords verdoyants du Keffleut et du Jarlot.

Enfin, quelques jours après l'heureuse union des nouveaux mariés, les précieuses caisses d'antiquités hindoues, embarquées sur l'*Active*, arrivèrent à leur destination pour la satisfaction la plus grande du *Rudimental Athenæum*, où l'on n'a pas encore achevé de déchiffrer le quart des matériaux amassés par le plus illustre de ses membres perpétuels.

Le bras de pierre figure positivement dans la collection des documents originaux; mais Dufresny lui-même n'a jamais su ni pu savoir si ce bras était ou n'était point le troisième de l'œuf primordial, initial et rudimental.

En revanche, Philiberte n'ignore pas le touchant mystère du jeune officier voulant, au prix de sa vie, assurer l'avenir de celle qu'il n'espérait plus revoir. Elnorius, qui avait promis délicatesse et discrétion, obtint, le soir des fiançailles, de tout révéler.

Philiberte, enthousiasmée, ne put exprimer son émotion qu'en se jetant dans les bras de Victor. Mme Destournelles, touchée aux larmes, bénissait, en louant Dieu, celui qui allait devenir son fils. Balafrot ne put retenir une exclamation par trop militaire. Et Guichavoa, qui servait le thé dans la grotte du kombot, était tenté d'applaudir.

Le même soir, Elnorius crut devoir donner à la famille connaissance du sens de l'inscription tracée sur la tablette de pierre :

> Qui me connaît connaît toutes choses ;
> Qui ne me connaît pas ne connaît rien ;
> Mais qui me connaît ?

— Moi, monsieur Thought, s'écria Guichavoa, et bien content de la connaissance !

Pour charmer les loisirs de sa retraite, le commandant Balafrot résolut de les consacrer à l'historique détaillé de son château du Taureau ; il avait déjà recueilli foule de notes et de documents curieux ; mais, avec l'âge, sa vue s'était fatiguée :

— Ce qu'il me faudrait maintenant, dit-il en présence de Guichavoa, ce serait un bon secrétaire.

— Dommage ! mon commandant, fit le matelot, l'écriture et la lecture, ça ne me connaît pas.

ÉPILOGUE.

Le commandant Hervé Plourin, dit Balafrot, malgré sa vue fatiguée, est parvenu à conduire à bonne fin l'ouvrage de sa vieillesse.

Il débuta à peu près en ces termes :

De temps immémorial, les côtes avoisinantes étaient ravagées par des écumeurs de mer de tous les pays. Déprédations, pillages, incendies, dévastations continuelles; protection aucune.

En 1522, la ville de Morlaix avait été mise à sac par les Anglais, toujours disposés à recommencer; et les principaux habitants, pris comme otages, avaient, en outre, dû payer d'énormes rançons. Le commerce fut ruiné complètement. Mais quand, à force de travail, on sortit enfin de détresse, pareil désastre redevint à craindre.

A cette époque peu enviable, il n'était que sage de se protéger soi-même envers et contre tous.

En conséquence, les bourgeois et commerçants notables résolurent, puisque le roi François Ier les laissait à la merci d'un coup de main, de se fortifier et de se garder de leur mieux. Il fallut pourtant en solliciter l'autorisation ; à quoi le roi-chevalier répondit avec candeur :

— Faites, mes amis, faites votre bastion, comme vous le jugerez convenable. Le trésor n'y contribuera pas, parce qu'il est vide.

Touchés d'une sincérité si persuasive, les Morlaisiens se cotisèrent. Le roi leur accordait le droit de nommer le commandant de la forteresse et d'y placer une garnison, pourvu que tous frais de solde et d'entretien demeurassent à leur charge. Ces conditions étaient acceptées d'avance.

Sans perdre un instant, on se mit donc à l'œuvre. Une roche schisteuse que le caprice des lames avait sculptée en forme de tête de taureau se trouvait à bonne distance, tout juste entre la passe de l'ouest et celle de l'est, au nord de la rivière. Les fondations s'accrochèrent à ses cornes incessamment blanchies par l'écume des lames. Les murailles s'élevèrent en dépit des tempêtes. Et dès le 6 juillet 1544, la forteresse, bien qu'interminée, était en état de recevoir sa première garnison : vingt-trois soldats de milice municipale, un canonnier, un trompette, un aumônier, et enfin un commandant, le capitaine de Kermellec, *homme savant et expérimenté au fait de la guerre*, selon le texte du procès-verbal[1].

L'histoire de la sévère forteresse municipale n'est pas dénuée d'intérêt romanesque, militaire, maritime, dramatique, parfois atroce, parfois simplement bizarre.

Dès 1554, quand éclata la guerre avec l'Angleterre, elle était déjà très-passablement armée. Sur sa plate-forme se trouvaient en batterie deux couleuvrines à huit pans, dont l'une porte les armes de Bretagne entourées de la cordelière. Balafrot les y admira ; on les y voit encore.

Sous le règne de Henri II, le Taureau, successivement commandé par Guillaume Quéméneur, Richard Nicolas et Vincent Jezay, belliqueux bourgeois morlaisiens, préserva constamment la rivière de toute incursion des ennemis.

Survinrent, par la suite, des chicanes et des luttes sans fin entre les juges de la sénéchaussée, prétendant à la nomination, de par le roi, du commandant de la forteresse, et la municipalité, revendiquant son privilége, dont elle avait le droit d'être jalouse. On se querellait, on se battait, on se raccommodait entre temps pour vider des pots de réconciliation ; mais, les

---

[1] Leconat, *Monographie du château du Taureau*.

fumées du vin échauffant les têtes, on se battait à la suite de ces banquets. Hobereaux et bourgeois l'emportent tour à tour, le Taureau changeait sans cesse de capitaine ; mais, en somme, il protégeait bien la rade et le commerce, de plus en plus florissant : c'était l'essentiel.

Durant la Ligue, on s'égorgea. Les commandants successifs du Taureau n'y laissèrent prendre pied ni aux Espagnols ni aux Anglais ; ils eurent même l'habileté de ne point le livrer à la Sainte-Union. Enfin, l'étoile de Henri IV prenant le dessus, Duplessis, sieur de Kerangoff se prononça résolûment. L'*Enragé têtu*, ainsi qu'on le nommait, tint bon durant neuf années sur son roc, d'où, pour s'approvisionner, il envoyait rançonner les riverains. La municipalité, indignée de son usurpation, lui envoya des huissiers. Kerangoff en rit d'une rude façon ; peu s'en fallut que les huissiers ne fussent pendus au sommet du donjon — tour ronde qui, par parenthèse, s'écroula en 1609, mais fut rétablie en 1614.

Sur cette côte, l'odieux sieur de Fontenelle pillait et dévastait au nom des ligueurs ; François de Goësbriand, bien que ses ancêtres eussent occupé la charge de capitaine de Morlaix, se retrancha dans un fortin, d'où il saccageait au nom du roi. Fontenelle opérait sur terre ; Goësbriand écumait la mer, rançonnant les barques, n'épargnant même pas celles de Mgr l'évêque de Léon. Kerangoff brochait sur le tout. Regrettable bon temps !

En 1604, l'*Enragé têtu*, sur un ordre formel du roi, rendit à la municipalité l'entière possession de la forteresse; mais, à peine revenu à Morlaix, où il rentra bardé de fer, dague au côté, pot en tête, l'opiniâtre soudard intenta aux jurats le plus orgueilleux des procès :

— Vous m'avez refusé ma solde, celle de mes hommes, des munitions de bouche et de guerre. J'en ai fait l'avance. J'exige le remboursement.

Sous la pression de l'autorité royale, après d'irritants débats, appel devant le parlement, et longueurs qui apaisèrent un peu les parties, le corps de la ville en fut réduit à payer à l'obstiné Kerangoff, à titre d'accommodement, quatorze mille livres, équivalant au moins à cinquante mille francs de nos jours.

Henri IV tenait à ce qu'on respectât le château du Taureau.

— Cette citadelle, disait-on en son conseil, ne sera peut-être jamais assiégée, mais que de désastres si elle n'était pas debout et bien gardée !

C'était vrai, ajoute à ce propos M. Lecoat, tant on appréhendait l'envieuse et méchante rancune des marchands de Londres. Aussi n'était-on pas moins jaloux à Morlaix qu'à la cour de la possession de cette sentinelle avancée.

Sur la liste des successeurs de Kerangoff figure le vaillant Jacques Deleau, dont la fille fut enlevée au milieu d'une grand'messe célébrée à Notre-Dame du Mur.

L'oncle de Philiberte a, comme on sait, relaté avec une prédilection marquée et grand accompagnement d'allusions le sanglant combat, abordage terrible, qui fit rendre aux pirates irlandais la jeune captive si audacieusement ravie.

Il ne néglige, du reste, aucun détail des interminables procès de Kerangoff, son formidable prédécesseur.

Plus loin viennent les événements du règne de Louis XIII.

Jusque-là, le commandement du château anoblissait; c'était donc à qui l'exercerait, ne fût-ce que pour quelques mois; mais, dès qu'il n'en fut plus ainsi, le poste naguère si recherché cessa de l'être. Et quand Louis XIV confisqua le fort, balance faite des profits et pertes, des avantages et des charges, la municipalité morlaisienne ne se plaignit pas trop d'être débarrassée d'une forteresse dont les frais d'entretien l'obéraient.

A partir de 1660, le commandant, nommé par le roi, cessa donc de prêter serment de fidélité à la communauté bourgeoise.

Ici se placent les travaux de Vauban, minutieusement décrits par le commandant Balafrot.

Le Taureau est devenu prison. En 1765, le procureur général de la Chalotais, avec ses deux fils, sera enfermé pendant un mois *dans ce repaire, où on ne relègue, dit-il, que gens de sac et de corde.*

D'après Hervé Plourin, les sombres cachots et les immondes cabanons de la forteresse sont les théâtres d'exécutions sommaires, mystérieuses, abus horrible de pouvoir, pages lugubres.

Vers 1788, autre drame. Par les ordres du roi, un officier de marine cruel envers ses matelots y fut écroué. Désespéré de sa détention, il acheva de se faire justice en se précipitant de la plate-forme sur les rochers.

La Révolution continua d'emprisonner au château du Taureau.

Un ami de Marat, Royou Guermeur, qui troublait par ses discours véhéments la tranquillité publique, est incarcéré tout d'abord par le conseil du département.

Bientôt les prisonniers sont d'une nature tout opposée. Pendant la Terreur, on entasse dans les casemates les administrateurs mêmes qui avaient réprimé la propagande faite par le jeune tribun. Le nombre des proscrits s'accroît chaque jour. Prêtres, nobles, bourgeois, paysans sont enfermés dans le vieux château-fort, en attendant la déportation ou le dernier supplice.

Le triomphe des thermidoriens changera encore la nature des prisonniers. A la suite de la tentative insurrectionnelle du 1er prairial an III, la Convention envoie au château du Taureau les représentants Gilbert Romme, Duquesnoy, Goujon, Soubrany, Duroy et Bourbotte. Ils s'y trouvèrent avec Donzé-Verteuil, accusateur public de Brest, l'un des bourreaux les plus corrompus de cette sanglante époque, et avec plusieurs autres victimes de la réaction antiterroriste.

Ce fut, sans doute, au château du Taureau qu'ils se jurèrent de se poignarder pour ne point périr sur l'échafaud. Le serment fut tenu. Ramenés à Paris après une détention de vingt-trois jours, ils comparurent le 24 prairial (12 juin 1795) devant une commission militaire qui, le 29, rendit contre eux un arrêt de mort. Les six condamnés n'avaient pour exécuter leur dessein qu'une paire de ciseaux et deux couteaux soustraits à la surveillance de leurs gardiens. Ils se les passaient après s'être frappés. La version adoptée par M. Louis Blanc ne leur donnerait même qu'un couteau.

Quoi qu'il en soit, Romme, Goujon et Duquesnoy expirèrent seuls à temps; leurs trois collègues, Soubrany, Bourbotte et Duroy, furent traînés sanglants à l'échafaud et exécutés.

Le château du Taureau résista plusieurs fois à des attaques sérieuses. D'après les traditions consignées au manuscrit d'Hervé Plourin, il repoussa plusieurs tentatives de surprise ; il coula divers navires ennemis et, grâce au calibre de son artillerie, vint à bout, notamment, d'un vaisseau de ligne anglais.

Enfin jamais navire armé en guerre ne parvint à tromper la vigilance de ses commandants, à franchir l'une ni l'autre des passes et à pénétrer dans la rivière de Morlaix.

Les temps sont bien changés. Aujourd'hui, la carapace de pierre du château-fort serait pulvérisée en peu d'instants par un cuirassé portant les canons monstrueux que nous a forgés le génie moderne de la destruction. Militairement, le château du Taureau n'est plus.

Il sert encore quelquefois de prison d'État. En ce cas, il reçoit momentanément une petite garnison. Le plus souvent, il n'est habité que par quelques gardiens inoffensifs.

Des nombreux épisodes chronologiquement enregistrés par l'oncle de Philiberte, lequel fallait-il choisir ? N'était-ce point celui où, cessant de contempler, il s'exprime en témoin oculaire et en acteur, celui où il parle enfin de tout son cœur, de toute son âme ?

Aussi bien, le dernier successeur du capitaine de Kermellec, *homme savant et expérimenté au fait de la guerre*, le Philopémen de la forteresse municipale, l'ancien ami de La Tour d'Auvergne, le grand admirateur du petit caporal, Hervé Plourin, surnommé Balafret, termine-t-il en ces termes :

Après moi, que se passera-t-il au château du Taureau? Rien, j'ose le dire, qui vaille ce que j'ai vu de mes yeux près de s'éteindre, rien où le courage et l'amour jouent d'aussi beaux rôles. La guerre, les tempêtes, le fer, le feu, le temps changeront en ruines ma pauvre citadelle. Elle sera déracinée de son roc, elle s'écroulera dans l'oubli. Mais, mon brave Dufresny et ma douce Philiberte, aucune catastrophe ne peut amoindrir ce qui fut à jamais grand et beau, beau comme votre union providentielle qui fait le bonheur de mes dernières années.

FIN

TABLE

UN CORSAIRE SOUS LA TERREUR

I.	— La bastide du capitaine	4
II.	— Naufrage	19
III.	— Conquête	32
IV.	— Retour à Marseille	39
V.	— Dénonciations	61
VI.	— Un tombereau	71
VII.	— Les Fiancés	78
VIII.	— Le jour des noces	91

LA FOSSE AUX LIONS

I.	— Le Vergeroux	101
II.	— Le coup de sabre	130
III.	— Le combat	163
IV.	— Double noce	179

LE CHATEAU DU TAUREAU

I.	— Partie interrompue	193
II.	— Les deux fossettes	203
III.	— Pantomime encourageante	216
IV.	— Aventures de mer	225
V.	— Du haut de la plate-forme	242
VI.	— La poule et les œufs	218
VII.	— Conditions et engagements d'honneur	264
VIII.	— Huit heures de trêve	272
IX.	— Les coups de canon	281
X.	— Les prophétesses de malheur	293
	Epilogue	303

FIN

Saint-Germain. — Imprimerie D. BARDIN